湛庐CHEERS

与最聪明的人共同进化

HERE COMES EVERYBODY

新核心素养系列
New Literacy

人人都该懂的法庭科学
Forensic Science A Beginner's Guide

[美]
杰伊·西格尔 著
Jay Siegel

孟超 任鹏宇 王刘承 译

浙江人民出版社
ZHEJIANG PEOPLE'S PUBLISHING HOUSE

致萨姆和保罗：

你们在爸爸眼中是最棒的，我为你们感到骄傲。

致尼克：

感谢你带给萨姆幸福。

致汤米：

时间稍纵即逝，尽情地享受生活吧。

用科学呈现法庭证据

近年来，法庭科学已悄然成为街谈巷议的热门话题之一。在全世界范围内，人们对各种刑事罪案类电视节目、电影和书籍的狂热追捧和关注，出人意料地提高了公众对科学和法庭科学的认识。最重要的是，在那些真实、万众瞩目的案件中，法庭科学更是如影随形，产生了至关重要的影响。以 DNA 分型技术为例，它成功协助了世界各地的司法机关惩治罪犯、保护无辜。

但在个别案件中，法庭科学却没有得到正确运作，造成了刑事错案，使“悬案”成为公众会脱口而出的词。另外，法庭科学在刑事司法系统中的“过度”普及，甚至造成了案件积压和周转时间的延长，有时警方需要等待几个月才能拿到实验室报告。据统计，仅在美国就有超过 50 万宗积压案件。

媒体的宣传报道导致公众对法庭科学既有了解又有误解。我为各位读者写这本书，旨在说明法庭科学究竟是什么以及不是什么。在此，我既无意演绎或重述那些惊骇可怖的案例，也不打算将这本书视为我职业生涯的庆祝或总结。相反，它仅仅是对法庭科学实务的讨论，其中涵盖了大部分常见科学知识在法律中的应用。我由衷地希望各位读者能理解法庭科学的严苛性和法庭科学家们的艰辛。尽管每宗案件的调查总是充满风险与挑战，但法庭科学却始终致力于为世界各国的法庭呈现真实客观的证据。

衷心祝愿各位在阅读中收获乐趣和知识！

FORENSIC SCIENCE

目录

前言 用科学呈现法庭证据 /I

1 法庭科学及法庭科学实验室 /001

什么是法庭科学 /003

法庭科学实验室文化 /011

2 证据：从犯罪现场到实验室 /021

刑事调查程序 /023

证据 /027

3 法庭科学与法律 /037

刑事司法制度 /039

证据规则 /040

科学技术证据的可采性 /043

实验室分析报告 /043

专家证人与证词 /046

法庭上的专家证人 /048

4 毒品：从街头到体内 /055

毒品的管制 /058

毒品的检验 /066

法医毒理学 /069

5 痕迹证据：指纹、枪弹与笔迹 /079

痕迹证据的定义 /082

指纹痕迹 /084

枪弹痕迹 /095

笔迹痕迹 /103

6 法医生物学：身体的证据 /111

法医病理学 /115

法医尸体解剖 /116

损伤形态及暴力性死亡分类 /118

死亡时间 /122

法医昆虫学 /125

法医人类学 /132

法医牙科学 /140

7 法医生物学：血痕及其他体液分析 /149

法医血清学 /151

血痕形态分析 /159

DNA /161

8 火灾与爆炸 /181

燃烧 /184

火灾 /185

爆炸 /191

9 毛发、纤维与涂料 /199

毛发与纤维：最理想的微量物证 /202

毛发 /202

纤维 /208

毛发和纤维的转移及持久性 /210

涂料及类似材料 /212

10 玻璃与泥土 /223

玻璃 /225

泥土 /228

结 语 /233

拓展阅读 /239

专业术语中英文索引 /240

译者后记一 /267

译者后记二 /270

1 法庭科学
及法庭科学实验室

FORENSIC
A BEGINNER'S GUIDE
SCIENCE

美剧中的侦探在现实中是如何工作的?

法庭科学家拿到待检证据时，应该了解多少与之相关的信息?

观察者偏见会对法庭科学家的工作造成什么影响?

测一测：你有没有当法医的天赋?

1. 犯罪现场调查员将搜集到的证据全部送到了工作室，你需要分析哪些证据?

A 案发现场的所有证据

B 由专门负责信息汇总的案件主管分配的证据

C 你认为与本案有关的证据

D 犯罪现场调查员建议分析的证据

2. 缉毒警员交给你一种俗称“邮票”的毒品LSD，它属于哪类毒品?

A 麻醉剂　　B 抑制剂

C 致幻剂　　D 兴奋剂

3. 你在犯罪现场发现了一个指纹，箕形纹，开口朝向右下，以下哪种说法是正确的?

A 如果是右手指纹，那么它就是正箕纹

B 如果是左手指纹，那么它就是正箕纹

C 如果它是正箕纹，那么它就朝向桡骨

D 如果它是反箕纹，那么它就朝向小指

4. 你去犯罪现场验尸，发现尸体上的苍蝇幼虫已到三龄期，暂不考虑环境及其他因素的影响，以下哪种说法是错误的?

A 尸体严重腐败，大部分都已被侵食

B 尸体正处于生物量急剧增长的时期

C 尸体上还可能存在其他昆虫

D 死者已死亡超过 20 天

5. 你要向新警员讲述关于火灾起火点的知识，以下哪项是错误的?

A 如果火灾由发生故障的家用电器引起，那么起火点一定在家用电器处

B 如果有人用汽油蓄意放火，那么起火点一定是汽油浇泼的位置

C 蓄意纵火的位置一般在建筑物的高层

D 起火点通常就是火灾初始阶段发生最剧烈燃烧的位置

扫码下载“湛庐阅读”App，
搜索“人人都该懂的法庭科学”，获取问题答案。

什么是法庭科学[1]

1981 年 7 月 17 日，美国密苏里州的堪萨斯城，一场大型舞会在当地凯悦酒店的底层中庭举行。当时，一些参加舞会的人在大堂的悬空走廊上跳舞，突然间，四楼走廊垮塌至二楼走廊，然后坠落至底层中庭。这次坍塌事故共造成 114 人死亡，200 多人受伤。工程师需要在废墟瓦砾中进行调查，以确定这次严重坍塌事故的原因。

在南非比勒陀利亚，警方调查人员在一所遭遇入室盗窃的民宅内发现了一块奶酪。奶酪上疑似留有人的咬痕。法庭科学家通过牙痕匹配最终确定了犯罪嫌疑人。

在美国马里兰州，一名“强奸犯”在监狱服刑 18 年后，最终因法庭科学的新结论而得以沉冤昭雪。借助 DNA 分型技术，涉及犯罪的生物学证据得以重新分析。法医生物学家宣布了分析鉴定结果，该男子并不是真正的罪犯。造成这个悲剧的原因是，十几年前法庭科学的这项技术还未问世。[1]

2002年，在英国伦敦，一名艺术家通过画像对受害人的面部印象进行面貌复原，这位面部严重受损的谋杀案被害人最终被亲属认出。

以上四个案例有一个共同的特点：它们的调查过程都与科学技术及分析鉴定方法有着密不可分的联系。但科学的鉴定分析技术具体是如何应用于破案的呢？科学家们有一套完整的科学方法，能够拨开各类案件的重重迷雾。这些科学方法和分析结果都需要在公众面前展示，这就是"法庭科学"（forensic science）一词的来历。在英语中，单词"forensic"源自拉丁语"forum"，意思是"公众讨论的场所"。因此，我认为对英语"forensic science"更好的解释或许是"用于解决公众问题的科学技术及方法"。任何用于解决公众问题的科学技术都可以称作"法庭科学"。更具体地讲，法庭科学就是刑事司法和法院审判工作中，各种科学技术和方法的应用。而在我看来，法庭科学包罗万象，任何科学都可纳入法庭科学中。

法庭科学家[2]与法庭科学实验室

尽管真实案件的电视直播让观众有机会一睹刑事调查程序和法庭科学家的活动，如举世震惊的辛普森案的审判，但极少有影视节目或

[1] 1984年，亚历克·杰弗里斯（Alec Jeffreys）博士在莱斯特大学遗传学系工作期间研发了DNA分型技术。

[2] 法庭科学家，在美国此术语包括了刑事侦查技术员、实验室分析员，有时也包括法医等，涉及面较广，而国内各著作中则通常使用具体的表述，如"×× 分析员""×× 鉴定员"等。

书籍真实描述法庭科学家的种种活动。不过，关于犯罪现场调查的详细讨论，我们会在第 2 章进行。在本节，我们先来初步了解一下法庭科学家们的具体工作职责。此外，我们还将会了解到法庭科学实验室文化，以及这种文化是如何影响法庭科学家们工作的。

法庭科学家有三项主要职责，其中前两项分别是证据分析和陈述法庭证词，它们都必须由法庭科学家们亲自完成。第三项则是“久负盛名”的犯罪现场调查。不过事实上，犯罪现场调查仅由部分法庭科学家负责，它并非整个刑事侦查工作的全部内容。

科学证据分析是法庭科学的主要工作内容。在大多数情况下，法庭科学实验室会分析犯罪现场调查员或警方刑侦技术员提供的证据。这其实产生了一个有趣的争议话题：当在实验室进行分析时，科学家究竟应该知道多少关于证据的情况？围绕这个争议话题，人们分成了两派。一派认为，任何人都不可能在真空中分析证据，所以实验室的鉴定分析员应尽可能多地掌握与证据（检验物）相关的犯罪或事故情况；而另一派则坚持认为，证据分析是科学活动，因此应尽可能地保持客观公正，任何有可能使鉴定人产生偏见的事物都必须予以回避。我将在下面具体陈述这两派观点对实际工作的影响。

例如，法庭科学家经常要进行毒品鉴定分析。一名缉毒探员送来一袋疑似可卡因的白色粉末，并向分析员解释说，他们从某毒贩那里购买了这东西，希望在捣毁该贩毒窝点前搞清楚它的纯度。[1] 在这种情

[1] 可卡因的纯度在某种程度上可揭示毒贩的分销渠道分布。

况下，科学家在打开袋子之前，思维就已被缉毒探员对白色粉末的成分认定“污染”了。作为科学家，他必须有意回避“找到他们正渴望寻找的东西”。但问题在于，一种未知的白色粉末可能是上百种化学物质中的任何一种。如果对送检物的相关信息能略知一二，科学家们就能少走弯路，大大缩短检验时间。因此，大多数法庭科学家都选择在分析之前尽可能多地了解送检物。他们认为,只要检测和操作程序得当，就可以提供充足且客观的分析结果，预设偏见不可能影响他们的实际工作。

又如，警方常会请法医人类学家确定一块骨头的来源。虽然这是司空见惯的事，但在不少情况下，分析鉴定也绝非轻而易举，它需要科学家们仔细谨慎地观察和分析。但一些法医人类学家并不想知道这些骨骼的情况，因为他们担心这些信息会导致先入为主的预设。在此类分析鉴定中，没有可直接提供确证结论的工具或机器，科学家必须凭借自己的经验来判断。整个分析检测的效果和质量完全取决于科学家的分析和观察。这种分析鉴定的方式构成了法庭科学实验室文化的一部分。在一些特殊情况下，实验室文化甚至会对证据的鉴定分析产生广泛而深远的影响。稍后我们将再次回到这个话题进行详细讨论。

法庭科学家最具有乐趣的事情之一，便是他们不仅要成为优秀的科学家，还要将调查发现以最通俗易懂的方式传达给“事实上的裁判者”——法官或陪审团。在美国，陪审团成员的平均科学知识水平大约只有八年级（13~14 岁）。这就对法庭科学家提出了有趣的挑战，他们必须能够向那些科学背景薄弱或压根儿没有科学背景的人成功解释艰深复杂的科学概念及问题。在法庭上，法庭科学家具有专家证人的地位。专家证人是在特定领域具有专业知识的行家，可利用数据或观察结果得出普通人无法得出的结论。专家证人并不一定是著书立说的博士，专业经验与受教育程度一样重要。

由于影视作品和书籍的广泛报道和传播，犯罪现场调查已成为刑事司法系统中人们最熟悉，但也是最容易被误解的部分之一。其实，犯罪现场调查与刑事调查不同。犯罪现场调查的主要工作是系统地记录和搜寻存在于犯罪现场的各种证据。一旦发现证据，犯罪现场调查员就必须以尽量避免污染、损坏或腐败的方式将其保存、记录和收集起来。证据要尽可能置于安全可靠的容器中，并贴上能进行分类识别的标签，由警方储存或立即送往法庭科学实验室进行分析。刑事调查则是调查犯罪的全过程，通常在侦探或其他专业刑事调查员的监督下进行。它包括协助犯罪现场调查、询问证人、辨识及拘押犯罪分子、收集证据、起诉犯罪嫌疑人、逮捕等工作。

犯罪现场调查员的身份通常是警察。要想成为一名犯罪现场调查员，你需要经过数年、大量的培训。如我之前所述，犯罪现场调查的工作绝不轻松，它不但可能令人感到极度不适，甚至还有可能充满危险。凶杀现场的调查通常需要耗费 20 多个小时才可能完成，并且调查从不受限于白天还是黑夜、天气寒冷还是酷热、环境潮湿还是干燥。至于睡眠或就餐，那更是无法按时保证。火灾现场的调查则可能处处暗藏着危险。在丝毫没有光和热的空间内，四壁上下湿透，在水与火的侵袭和浸泡下，天花板、墙壁及地板随时有崩塌的可能。野外的调查也不一定悠然自得，因为野生动物也随时有可能“加入”调查。夜间公路上交通事故的调查更是不能掉以轻心，道路上往来穿梭的车辆对调查员也是潜在的安全威胁。

虽然犯罪现场调查通常由经过专门培训的技术人员进行，但越来越多的法庭科学家也开始参与其中。现在，许多法庭科学实验室都与警方合作，因为法庭科学家是辨别和保存证据的专业人士。实验室挑选出经验丰富的科学家前往凶杀案或其他类型的犯罪现场，帮助警方技术人员寻找、收集和保存物证。此外，法庭科学家掌握与第一手证据相关的背景信息，也有助于他们随后的分析研究及得出结论。但不得不说，法庭科学家前往犯罪现场协助调查同样也会增加“确认偏误”[1]的可能。

当我们谈到犯罪现场调查这个话题时，近年来流行的“CSI 效应”一定无法回避。它源自 2001 年以来持续播出的三部美剧。[2]热心的电视观众已经对此类电视剧、节目、电影及关于犯罪现场调查和法庭科学的书籍等烂熟于心、如数家珍。然而，我不得不指出，电视剧《犯罪现场调查》每周都必须限定在一个小时内完整讲述一起案件的侦破过程,其中还包括插播的各种商业广告。要做到这些就不得不走一些“捷径”，如时间上的压缩、夸大了的设备分析数据及其转化为证据的能力、实际不可能得出的结论，以及“无所不在、无所不能”的犯罪现场调查员——他们不但收集证据、分析证据、询问证人，甚至连抓捕嫌疑人也成了他们的日常工作。

[1] 以支持个人先入为主的观念进行证据分析和解释的倾向。

[2] 三部美剧分别是:《犯罪现场调查》(*CSI: Crime Scene Investigation*)，也称《犯罪现场调查：拉斯维加斯篇》(*CSI: Las Vegas*)，以及两部衍生剧《犯罪现场调查：纽约篇》(*CSI: New York*)和《犯罪现场调查：迈阿密篇》(*CSI: Miami*)。

从这类节目中，公众已经大致了解了犯罪现场调查的程序、可能遇到的证据类型、分析证据的方法，以及可能得出的结论。但这些节目同时也扭曲并误导了公众对证据及其收集与分析的认知，提供了不少错误的信息。最终，这种扭曲和误导对刑事司法系统难免会产生负面影响。

有时，这些负面影响甚至达到了年深日久、根深蒂固的地步。公众极可能有这样一个错误观念：所有的罪案都可以在几小时内侦破。若他们不幸成为犯罪的被害人或受害者，便会质疑为什么调查人员“拖延”了那么久才来调查。但客观事实却是，许多案件至今仍未侦破，而更多案件则需耗费至少数周或数月的艰苦调查。另外，参与刑案庭审的陪审员越来越期望在每一起罪案中都能看到指纹、DNA 及其他罪证。若没有这种证据，检察官必须解释原因。有时即使检方给出了解释，并且有充足的间接证据来支持有罪判决，陪审员也仍可通过认定被告无罪来“惩罚”检察官。检察官对此的反应则是，严令犯罪现场调查员必须收集任何可能作为证据的材料，并提交给实验室进行分析。可是，法庭科学实验室早已不堪重负，积压了大量待分析的涉案材料。在这种情况下，即使是那些存疑的证据，甚至是根本对调查毫无用处的“证据”，也不得不进行分析处理。

“CSI 效应”负面影响的涉及面远不止于作为检方的公诉人，它使被告人的辩护律师同样焦头烂额。如果警方想方设法提供了 DNA 与指纹匹配的证据，陪审团则会仅仅聚焦于这些所谓的“关键证据”，从而无视其他的无罪证据，直至最终造成被告人的刑事错案。

总体而言，虽然公众对法庭科学及刑事司法系统的认识和兴趣不断提高，但这仍应了那句俗话——“理想很丰满，现实很骨感”。这种“拔高”了的公众意识是否有幸兑现CSI电视节目的持续热度，还有待我们进一步观察。

法庭科学实验室制度

世界上很多国家的法庭科学系统都由政府资助。它们在规模、任务及资金方面差异很大。对法庭科学系统而言，没有所谓的“一刀切”式的适用于全部模式的概念。在英国，法庭科学服务的主要提供者是法庭科学服务中心，它拥有六个实验室和一个国家枪械管理中心，主要为英格兰和威尔士的警察局提供服务。北爱尔兰有自己的独立机构，苏格兰则有四个实验室。与美国不同，英国法庭科学服务中心是一个收费服务机构，包括警方在内的所有客户都要为法庭科学服务付费。因此，刑事被告人也可以使用法庭科学服务中心的服务，这与其他国家政府开展的法庭科学服务有很大不同。除了法庭科学服务中心，其他同类实验室还提供多种法庭科学的相关服务。其中就包括专门分析爆炸物、弹道痕迹以及化学战剂的国防部实验室。此外，还有一个私人化学实验室提供药物、DNA和毒理等方面的分析。

在美国，大约有四百个法庭科学实验室分布在各州。其中大部分属于公共机构，由联邦、州或地方政府的相关部门管理，由政府资助。但只有该司法管辖区内的执法机构才能够使用公共实验室的法庭科学服务，而且他们不需要逐案支付费用。即使刑事被告人支付资金，也无法使用公共实验室提供的服务。从只有一个实验室的怀俄明州到有五十多个公共实验室的加利福尼亚州，美国的每个州都有特定形式的法庭科学实验室系统。各州法庭科学实验室的组织结构也不尽相同。联邦法庭科学实验室设立在一系列联邦机构中，包括美国联邦调查局，美国缉毒署，美国烟酒、枪械与爆炸物管理局，美国特勤局，美国国内税务局，美国鱼类及野生动植物管理局和美国邮政署。

澳大利亚是一个面积与美国相当，但人口却不及美国十分之一的国家，它的每个州都至少有一个法庭科学实验室。此外，在首都堪培拉还有一个服务于联邦警察的联邦法庭科学实验室，这个实验室提供全方位的服务。

法庭科学实验室文化

痕迹证据与观察者偏见

近年来在世界各地发生的几件震惊世人的刑事案件，已使公众对法庭科学家的客观性疑虑重重。在本书第 5 章提及的“马德里爆炸案”[1]就是明证之一。人们越来越意识到，偏见会以多种微妙的形式强加于许多法庭科学家的思维和工作中。它现已成为一些研究的关键词，如“观察者偏见”。[2]

当法庭科学家在科学证据的分析鉴定中，结果或结论受到无关知

[1] 马德里爆炸案，又名“西班牙马德里 3·11 短途列车爆炸案”，是指 2004 年 3 月 11 日上午发生于西班牙马德里的系列恐怖袭击爆炸案。该恐怖袭击共造成 192 人死亡、1 500 多人受伤，是马德里历史上死伤人数最多的一起惨案。

[2] 观察者偏见也称为背景、期望和确认偏见。

识或信息的影响时，就会出现观察者偏见，即使这些知识或信息并没有直接应用于正在进行的科学分析。观察者偏见可能不仅仅是无关知识的影响，还可能是法庭科学家的潜意识期望或主观渴望得到的预想。这种偏见可能潜移默化、如影随形，出现在法庭科学的各个领域——从法庭科学证据分析结论的措辞变更，到以微妙的方式支持公诉人或辩护人。甚至在个别情况下，还会出现法庭科学家编造证据和提供虚假证词的极端情况。

观察者偏见较易在痕迹证据[1]分析鉴定方面产生，指纹、枪械和工具痕迹、笔迹、毛发、咬痕、血痕及其他类似的痕迹证据有一个主要的共同特征：法庭科学家需要将待检材料（或称未知检材）与已知样本进行比较并发现其中的特点。在这种情况下，既没有科学仪器提供可备份数据，也没有任何现成的分类法用以确定特征的普遍性或稀缺性，也就是说，没有任何关联性结论的基础。法庭科学家只能凭借自己的知识、技能和经验得出结论。任何微妙或显性的偏见都有可能在无意中（尽管也有可能不会）影响在特殊情况下得出的结论。

其实，在认知心理学看来，观察者偏见是非常普遍的现象，它几乎影响到所有类别的科学研究。大多数负责任的科学家普遍认为观察者偏见广泛存在，所以在很多情况下，科学家们会采取一些措施，如双盲测试和完全独立的重新测试等,来消除或者至少弱化此类偏见。不过，即便如此，部分法庭科学家仍坚持认为他们没有这种偏见。他们声称自己已意识到观察者偏见的可能，并因此自我警告，且已将它们清除

[1] 痕迹证据是指那些留下明显痕迹、印记或标记的证据。

出头脑。他们还声称，自己的个人信仰以及关于案件的知识，与最终结论的产生无关。事实上，免于偏见影响正是法庭科学家的必备素质之一。然而，尽管有这些信念，来自真实案例的充分证据以及一些针对法庭科学的研究已经表明，观察者偏见在法庭科学中由来已久且根深蒂固。否定偏见存在的集体心理状态，也抑制了相关研究成果的产出和影响。虽然认知心理学的一般实验可以并确实揭示了科学界存在的观察者偏见问题，但法庭科学仍需要进行具体的研究，也就是通过实际的研究分析，发现偏见在何种情况下以何种方式影响法庭科学家的日常工作。

以一个典型的法庭科学实验室工作为例，法庭科学家对收集自犯罪现场的证据进行分析鉴定，以确定嫌疑人或受害人的身份，另外，他们还需要收集一方或双方的样本，并与现场证据进行比对。这就是案件的全部。我们有时会问他们，“这个犯罪现场证据的来源是什么或是谁”，抑或“犯罪现场证据是来自犯罪嫌疑人还是被害者”。虽然都是询问，但它们产生的效果迥异。在认知心理学领域已有充足的证据证明，不同询问方式得到的答案可能大相径庭。

通常，当实验室的法庭科学家收到来自犯罪现场的证据时，他们还会获知其他相关信息，如犯罪类型、犯罪嫌疑人与被害人的姓名、犯罪细节及某些适用于该案的特殊证据。其中大部分信息可能与科学鉴定分析并无直接关联。例如，在欺诈案中，证据仅是一张支票上的签名，法庭科学家获得的比对样本仅为某人提供的类似于兑现支票的签名。此时，这个信息对笔迹鉴定的特征分析其实并无直接关联，但该信息可能会对法庭科学家得出的结论产生潜移默化的影响。因此，我们又可以说，案件信息类型不同，对法庭科学分析可能产生的影响也就不同。又如，对法医病理学家而言，越多的信息越能帮助确定死亡的原因和方式；而相反地，枪械分析员则仅仅需要判断子弹是否从某把枪支中击发即可。

通常，尽管法庭科学家要对某个证据进行全面分析，但他们往往仅被要求提供部分鉴定结果，其余的则被认为不重要，甚至不需要。有时，那些无法得出结论或无法起到证明效果的证据又被重新送回实验室进行复检，而那些对侦破案件明明有利的证据却被弃置一旁。这些也都算是具有明显偏见的普遍现象，对它们也要有防范意识。

法庭科学实验室应该采取措施，尽量减少或消除某些类型的观察者偏见。这些措施可能是昂贵的、烦琐的，甚至是官僚的，并且有时伴随着较高的风险。即使每个科学研究领域都有内部规范程序和措施预防偏见，但在实际操作中我们仍然要坚持依靠客观的试验分析和研究得出结论。一个人的生命和自由，或许就决定于法庭科学家一个寥寥数语的结论，因此我们要时时刻刻保持警惕、不容懈怠。

当目击证人在辨认犯罪嫌疑人时，六七名外表相似的犯罪嫌疑人会在现场从一个单向透视镜后列队向证人展示。这就是所谓的“列队辨认”。[1] 喜好罪案题材影视剧的读者朋友一定很熟悉这样的场景。在

[1] 列队辨认是一种刑事辨认程序。指的是将犯罪嫌疑人与其他具有相似形体特征的人在受害人或证人之前排成一队列，由受害人或证人指认出其中的犯罪嫌疑人。列队辨认需符合一定的标准，且不能给予辨认人不适当的提示，这样所得的辨认结果才有效。有效的辨认结果如作为证据在庭审中使用，辨认人应出庭做证。

大多数法庭科学家协助的案件中，分析员也同样需要面对类似的“列队辨认”挑战，也就是将一个已知样本与诸多未知样本进行比较。这种辨认方法要求聚焦于辨认某一个犯罪嫌疑人或受害人。将若干相似且已知的物证“列队辨认”，能够帮助分析员排除观察者偏见，“强迫”他们必须根据科学数据分析得出鉴定结论。例如，在涉及指纹识别的案件中，当指纹从犯罪现场提取并送往实验室时，分析员不但会获得犯罪嫌疑人的指纹，还会一并获得其他相关、相似的指纹。此时的焦点就在于分离、识别并确定犯罪嫌疑人的指纹，并提供已知指纹与未知指纹各自的细节特征，保证指纹比对更加客观公正。

“无关范围”的信息较易使分析员产生偏见，这基本已成共识。虽然只为分析员提供分析证据所必需的信息是最为理想的操作，但在具体实施中却很难实现。由于案件类型的差异，法庭科学对所谓的“无关范围”信息的定义难以统一。我们必须根据案件的具体类型，来确定信息的有关和无关。若某个次要信息被分析员排除，必须有其他方式最终能将所有分析鉴定结果联结起来。若所有的相关信息均能为分析员所用，证据构建的案情也就愈加清楚。因此，在法庭科学的分析及鉴定实践中，通常会安排案件主管，专门负责收集报告并将各类信息汇总，对各种证据进行联结。具体的操作方法是：案件主管接收证据后，决定每个分析员需要何种必要信息，然后将必要信息及证据同时分配给每位分析员。

这一措施保证了分析员免受无关信息的污染而产生偏见，同时也赋予他们相应的权力完成分析鉴定。若实验室安排另一位分析员重新检验证据以进行确证，则他将不能获得前一位所得出的任何结论和信息。将在第 5 章讨论的马德里爆炸案就是一个分析员结论互相“污染”的典型案例。尽管法庭科学的各个领域，包括 DNA 分型技术在内，都有可能受到观察者偏见的影响，但无疑我们在本章节讨论的痕迹证据是各领域中最易受到影响的。此类分析鉴定几乎完全取决于分析员的个人观察和意见。因此，对法庭科学家而言，了解观察者偏见及其负面影响，同时制定消除或降低其影响的科学操作程序至关重要。

工作环境

法庭科学家不可能在真空中工作。法庭科学实验室的文化和环境可能会对工作情况产生深远的影响。来自警方调查人员、检察官和辩护律师的各方压力，以及普通法系对抗制❶的特点，都会对法庭科学产生显性或隐性的影响。在一些极端的情况下，偏见四处蔓延，导致一些法庭科学家最终难以摆脱偏见的阴霾。弗雷德·蔡恩（Fred Zain）案[2]就是最典型的一例。

弗雷德·蔡恩曾就职于西弗吉尼亚州公共安全法庭科学实验室。作为经验丰富的专家，他深受各方尊重，成为法庭科学界的“明星”。不少检察官和侦探更是他的忠实拥趸，因为蔡恩总能找到证据，证明他们怀疑的人是罪犯。多年来，蔡恩一直在实验室的血清学（血液分析）部门担任主管。关键问题在于，蔡恩显然歪曲并错误地处理了许多送来分析的证据。他在报告中的大量造假，给根本没有检测的证据

❶ 对抗制是英美法系中的一种诉讼制度，又译为“当事人主义”或“辩论式”的诉讼制度。这种制度允许双方当事人为获得有利于自己的判决而进行辩论，法官只能就辩论范围以第三者姿态加以决断，区别于大陆法系纠问式的诉讼制度。

编造数据或提供错误数据。据说，这种荒唐的操作竟然持续了数年，直至他东窗事发。

弗雷德·蔡恩犯下的罪行令人惊愕，但这绝不是一起孤立事件。只要疏于监督，这种法庭科学系统内部的权力滥用“失误”，可能发生在世界各地的任何地方。加拿大的盖伊·保罗·莫林案[3]中就有许多证据丢失、错放，以及不当程序与不当证词的现象；澳大利亚的爱德华·斯普拉特案[4]则是另一起令人震惊的刑事错案，它的发生证明了公诉人能使用错误的证据起诉个人，而司法系统中的权力制衡机制却对此完全无能为力；英国的罗伊·梅多爵士事件[5]则是一名德高望重的医生在几起案件的法庭科学证明中涉嫌渎职的例子。尽管此类案件并不多见，但它们全部吸引了公众的关注，这就放大凸显了法庭科学中的问题。事实上，绝大多数法庭科学家都会尽力排除各种偏见和各方利益干扰，力争保证法庭科学客观有效地运作，发掘证据背后不为人知的真相。仅有极少数的科学家受到了外界的种种蛊惑，迷失了自己的职业方向。

尽管这些问题和困难是客观存在的，但绝大多数法庭科学家仍旧热爱他们的工作。一项针对法庭科学家的调查显示，他们对工作的满意度一直维持在较高水平。因为在司法系统中，法庭科学家的工作是面向公众服务的。这使他们常有机会利用自己的科学知识和兴趣，帮助解决犯罪中的难题。并且，他们大多都是喜欢迎接挑战、解决问题的乐观派。

总体而言，目前美国的法庭科学系统还相对较为松散。虽然它们接受执法机构的管控，但缺乏统一的操作规范和分析标准。许多实验室人手严重不足，长期超负荷运作。至少在美国，这一现象已导致大量案件积压，且往往使鉴定结果延误数月之久。目前，很少有法庭科学系统对实验室进行强制性认证或对分析师进行个人认证，这又导致科学家的能力水平参差不齐。有时，产生错误的主要原因竟然是分析员缺乏应有的责任心！另外，目前也没有适用于整个法庭科学领域的、统一的道德规范。在实验室中的法庭科学家们更倾向于对犯罪做出反应，因为证据通常由犯罪现场调查员从现场带回至实验室，而科学家冒险进入犯罪现场并收集证据的情况则相对较少。在下一章，我们将详细讨论证据的收集和处理。

要点总结

1. 任何用于解决公众问题的科学技术都可以被称作“法庭科学”。更具体地讲，法庭科学就是刑事司法和法院审判工作中，各种科学技术和方法的应用。

2. 法庭科学家有三项主要职责，分别是证据分析、陈述法庭证词和犯罪现场调查。

3. 世界上很多国家的法庭科学系统都由政府资助，它们在规模、任务及资金方面差异很大。

4. 当法庭科学家在科学证据的分析鉴定中，结果或结论受到无关知识或信息的影响时，就会出现观察者偏见。观察者偏见可能不仅仅是无关知识的影响，还可能是法庭科学家的潜意识期望或主观渴望得到的预想。

5. 对法庭科学家而言，了解观察者偏见及其负面影响，同时制定消除或降低其影响的科学操作程序至关重要。

信息延伸

1. 20 世纪 40 年代起，西方国家开始广泛使用“法庭科学”这一新的专有名词，即用于法庭的科学或与法庭活动有关的科学。它主要包括刑事科学技术学院的有关方面、法医学、法齿学、法人类学、法精神病学和司法工程学等。参见单大国 . 刑事科学技术 . 北京：高等教育出版社，2016。

2. 美国西弗吉尼亚州警局实验室法庭科学家弗雷德·蔡恩因在 134 个案件中故意提供包括 DNA 分析在内的虚假专家意见而受到刑事追诉。参见陈学权 . 科学对待 DNA 证据的证明力 . 政法论坛，2010，(5): 50–61。

3. 加拿大人盖伊·保罗·莫林（Guy Paul Morin）因被怀疑 1984 年在安大略省谋杀一名 9 岁女孩，而在 1992 年被上诉至法院定罪。得益于 DNA 技术的发展进步，莫林于 1995 年被无罪释放。事后，1996 年加拿大成立专门调查小组就此冤案的成因展开调查，发现主要原因在于公权力人员过于依赖监所线人的证言。参见刘国庆 . 论监所线人与刑事冤案：域外经验与本土建构 . 福建警察学院学报，2016，(5): 28–37。

4. 澳大利亚人爱德华·斯普拉特（Edward Splatt）因在 1977 年被警方怀疑为一起谋杀案的犯罪嫌疑人而遭到调查。当地刑事法庭仅凭借法庭科学提供的证据就定其有罪，并判处终身监禁。直至 1984 年，斯普拉特才被宣判无罪并获释。参见 Matthews, B. *Australian Miscarriages of Justice*. *The National Legal Eagle*, 1996

10(1): 14–16。

5. 英国妇女萨莉·克拉克（Sally Clark）的两个孩子先后离奇夭折，社会舆论都认为是萨莉亲手杀害了自己的儿子。不久，这对夫妇被警方逮捕。审判中，著名儿科专家罗伊·梅多爵士用错误的统计证据和统计推理说服了陪审团，最后萨莉·克拉克以谋杀的罪名被判处终身监禁。饱受丧子之痛的母亲在监狱中承受生理和心理的双重煎熬。几经上诉，直到 2003 年，新的证据才证明她的清白，随后她被释放。参见宋培培，高磊 . 为 Sally Clark 正名——一起冤案引起的统计思考 . 中国统计，2015 (9): 39–40。

2 证据：从犯罪现场到实验室

刑事调查程序的基本内容有哪些?

为什么说在犯罪现场寻找物证和线索与考古很像?

为什么确定证据为已知还是未知非常重要?

具有个体识别功能的常见证据类别有哪些?

在第 1 章，我们简要讨论了犯罪调查。在本章我们将围绕证据这个主题展开广泛的讨论。从犯罪现场到其他地方，甚至犯罪嫌疑人或被害人身上，都可能存在大量证据。下面我将详细介绍证据的犯罪现场收集和法庭科学实验室的分析。

刑事调查程序

刑事调查程序发端于引起警方注意的犯罪行为，要么是被害人或证人向警方报了案，要么是警方直接目击了犯罪行为。在某些情况下，警方还可能会在某地设伏，诱捕罪犯，也叫“伏击”行动。[1] 一旦警方发现犯罪，就会启动一系列程序，其中一些程序会同时发生。各国刑事调查程序形式各异，以下以美国为例：

[1] “伏击”行动指警务人员乔装成罪犯，潜入犯罪团伙中，以侦查及逮捕违法分子。

◎ 警察前往犯罪现场，对现场伤员进行处理并拉起警戒线。

◎ 在场的证人 / 被害人 / 受害人接受警方询问。

◎ 若犯罪嫌疑人很可能仍在附近，警方将会开展密集搜索。

◎ 若犯罪现场有尸体，法医或验尸官办公室的法医病理学家将被派往现场检查尸体，并收集数据，推测被害人的死亡时间，也就是死亡时间间隔。

◎ 派遣犯罪现场调查小组前往犯罪现场。小组人数由该警察部门的规模决定，通常由一名摄影师和至少一名技术人员组成。他们将搜寻、记录、收集、包装证据，将其带回警局的证据室。对犯罪现场的调查通常是系统且连续的，有时可能需要数小时或数天才能完成。犯罪现场情况复杂、充满危险，脏乱更是常有的事。不管是雨天还是晴天、白天还是黑夜、寒冷还是酷热，犯罪都有可能发生，而通常情况下调查员都没有休息和食物的保障。我相信如果电视台从头到尾实时直播一场重大案件犯罪现场的调查，那它的收视率肯定会跌至谷底。

◎ 警方调查人员，通常是刑警或侦探，同样会前往犯罪现场，查看证据并立即开始调查犯罪的相关情况。他们还会询问证人，并在现场寻找其他证据、证人和嫌疑人，即一对一或一对多的“冷”搜查。稍后，警方调查人员会从证据室取出证据，并送往法庭科学实验室，由法庭科学家进行记录和分析。

◎ 一旦确定犯罪嫌疑人，警方调查人员将会与检察官会面，梳理案件全部内容，并确定证据是否确凿、充分，是否构成起诉条件。一旦进入起诉程序，刑事案件会选举成立一个大陪审团，或者进行首次聆讯，判定现有证据是否足够确凿、充分以审判被告。

当然，以上内容仅是我列出的刑事调查的基本内容。在犯罪现场寻找物证和线索，与重构一个历史事件极为相似，或者说，它更像是考古发掘。考古时，文明的历史遗迹被小心翼翼地从废墟中发掘出来，以获取有关某段历史文化的线索。犯罪现场调查与考古的不同之处，只在于我们距离事件的时间节点更近。犯罪现场调查小组和刑事侦查员必须认真“筛选”现场，辨识一切有可能提供犯罪的前因后果及参与者线索的内容。

一些用于指导考古学家发掘古代遗址的原则，同样也适用于犯罪现场调查。首先，犯罪现场极易被污染。每当有人走进房间，就会从室外带进来各种物质，如土壤、纤维、头皮屑等。这些无关的物质可能会与现场证据混淆。而当有人离开房间时，也有可能会带出潜在的证据。人们进入犯罪现场进行调查，就要收集并记录证据，这种接触的确在所难免。尽管污染不可能完全消除，但进行犯罪现场调查时，尽量减少污染始终是我们的第一要务。

其次，犯罪现场必须进行系统全面的调查。设想一下，倘若我们在后院遗失了一枚价值不菲的戒指，那么该如何确保检查了院子的每寸土地？我们最有可能的做法是，设置一个搜寻模式，谨小慎微地搜寻，不放过每一个地方。犯罪现场调查员也采用同样的做法。图 2-1 列出了常见的搜寻模式。具体模式的选择取决于犯罪现场的大小和位置，也取决于现场的调查员人数。

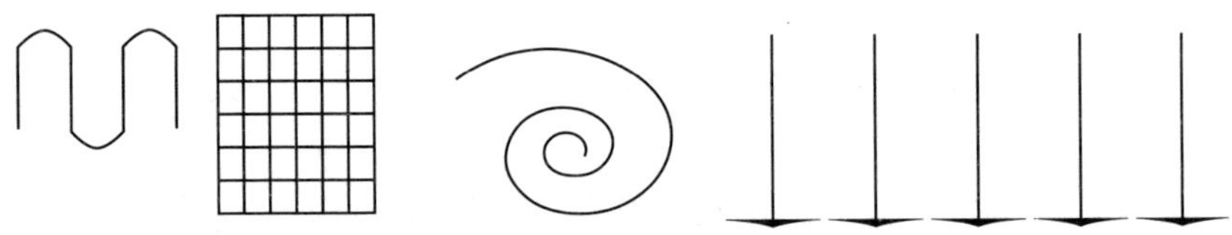

图 2-1 最常见的犯罪现场搜寻方式

1984 年 4 月 17 日，人们在利比亚驻伦敦大使馆外举行了一场示威游行。突然，大使馆内枪声大作，子弹击中并杀死了门外当值的警察伊冯娜·弗莱彻（Yvonne Fletcher）。当对弗莱彻警官进行尸检时，法医并未发现导致她死亡的子弹。子弹既不在她的体内或体表，也不在推车或救护车上。在这种情况下，50 多位警察以相互距离不超过 60 厘米的队列，在使馆外院子的一端排成一排，手和膝盖撑在地上匍匐前行，寻找子弹，最终成功地找到了子弹。

再次，与考古发掘遗址一样，犯罪现场必须完整全面地记录下来。每件证据及其确切位置都必须准确地记录下来。与证据相关的无法移动的固定物体，如墙壁、窗户等，需要进行测量、记录及绘制草图，稍后还要将其转换为比例图。摄影是记录犯罪现场的必要手段。近年来，调查员越来越多地将数字摄影与现场录像相结合，但我要指出，这些仅是补充方法，无法完全取代绘图。

最后，收集犯罪现场证据时，切记不得损害或破坏证据。例如，将液态的血液置于密闭容器中，极易造成血液腐坏，并且血液中用于识别的成分可能因此被破坏。又如，成活的大麻植物必须放置在可渗透水的容器中，以免它们蔫萎死亡。另外我要再次强调，必须尽量减少调查人员所造成的污染，以避免损害或破坏证据。

证据

证据是进行刑事调查的“通行证”，我们可将其理解为“任何能够为事实或假设增加可能性的事物”。证据还可被看作“任何有助于证明或反证犯罪调查的事物”。证据可以是物体，如枪支、毒品或血液，也可以是具体环境，如地点或不在场证明，还可以是证词或意见。在本章，我们将讨论不同类型的证据。而在第 3 章，我们将讨论这些证据如何在法庭上被采信。

证据的分类方式多种多样。一个证据可以同时归入多个类别。实物证据[1]是直接来自犯罪活动的证据，如血液、指纹、纤维和毒品。展示证据[2]是警方调查员或证人用于证明或以图像形式展示的证据，如犯罪现场草图、照片、模型和犯罪现场录像带等。展示证据与实物证据有一个关键的区别，即展示证据是在犯罪行为发生后创造出来的，犯罪活动本身并不产生展示证据。因此，展示证据的可采性规则与实物证据不同。

❶ 实物证据指的是由事物本身提供的证据，可由陪审团直接观察而不必经由证人口头描述，如某人的外貌、疤痕、伤口、指纹等，还有犯罪所用的武器、工具或其他有关物品、发生事故地点的样貌等。

❷ 展示证据指本身并无证明价值，但可用来说明或澄清有争议的事实问题的实物，如地图、图表、模型、照片等。

证人证言则是口头或书面的证据。抢劫银行案件的目击者可能会这样做证：下午 4 点，她看到有人穿着蓝色牛仔裤和一件白色 T 恤衫从银行里跑出来，手提麻袋，并向银行里面开枪。枪、麻袋以及她对事件目击的陈述将成为审判的证据。证人证言还有另一种形式，即测谎仪或类似的测试。当一个人回答测试问题时，测谎仪会检测某些神经系统功能的变化。这些变化会以图表形式展示出来。在这种情况下，测谎仪分析员的口头或书面证词就成了证人证言。分析员必须对图表记录的变化进行解释并陈述结论，即被试是否在测试中撒谎。

在对各种物证的评估中，最关键的问题是这些证据的来源是什么或者谁是证据的来源。当在犯罪现场或其他地方发现证据时，人们总会禁不住产生这样的疑问。若答案是不知道，则证据将被归类为未知证据。这个关键问题的答案可能取决于发问的时机。例如，在入室盗窃现场的窗户上发现了指纹，侦探可能会问“这个指纹是谁的”，当时的答案肯定只能是“不知道”，因此，在当时指纹就是未知证据。

为什么确定证据为已知还是未知非常重要？因为随着对案情的了解不断深入，调查员和法庭科学家需要将一些额外的证据补充进来。若没有已知指纹能够与在犯罪现场新发现的指纹进行比对，那么新指纹就不是很有用，法庭科学家或律师会认为它“证明力不足”。但当犯罪嫌疑人被辨认出后，指纹分析员就能够获取已知指纹，并将它与未知指纹进行比对，判断未知指纹是否为嫌疑人留在现场的指纹。这里需要注意的是，即使指纹比对的结果是匹配，也不能直接证明犯罪嫌疑人就是入室盗窃犯。因为指纹比对无法确定指纹留在窗户上的时间，它只能证明嫌疑人在过去某个时间在此处留下了指纹印迹。

让我们再讨论一个更复杂的案例：一位行人横穿繁华地段的马路，被汽车撞倒，并当场死亡。肇事司机短暂停车，在确信没有目击者后，驾车逃逸。然而，有一位证人打电话给警方，描述了肇事车辆，但他并未记下车牌号码。随后，一辆符合证人描述的赛车因超速行驶被拦停，且驾驶人因涉嫌肇事逃逸而被逮捕。被害人被送往实验室进行尸体解剖，衣物则被送往法庭科学实验室。调查员仔细检查被害人的蓝色棉外套，发现上面有白色汽车涂料及部分玻璃碎片。此时，疑似肇事车辆被扣押，并送往警局车库进行检查。车辆左前挡泥板损坏，且有部分车漆破损的痕迹，一些蓝色纤维嵌在损坏区域内，左前灯损坏，部分碎片丢失。下面的表 2-1 显示了调查员和法庭科学家对本案证据进行分类的具体情况。

表 2-1　××案证据的分类情况

未知证据	已知证据
衣物上发现的白色涂料痕迹	肇事车辆损害部分的白色涂料
衣物上发现的玻璃碎片	破碎的汽车前灯玻璃
肇事车辆损坏部分的蓝色纤维	被害人衣物上提取的纤维

该案中的每一个未知证据[1]，都有可以与之比对的已知证据。它们之间的比对结果将为法庭科学家提供分析数据并得出结论，最终发现未知证据的来源。例如，汽车涂料分析员会对衣物上的汽车涂料痕迹和已知的汽车涂料进行物理和化学测试。若未知和已知汽车涂料测试结果相同，法庭科学家就可得出初步结论：衣物上的汽车涂料痕迹可

[1] 未知证据指的是最初来源为未知状态的证据。

能来自涉嫌造成事故的汽车。但这种观点并不是最终定论，因为目前还无法断定这辆车就是涂料痕迹的唯一源头。成千上万辆具有相同类型涂料的车辆都具有或多或少的可能性。类似的推理同样适用于破碎的前灯与被害人外套中发现的玻璃碎片的比较分析，以及嵌在汽车受损区域的蓝色纤维与被害人外套的纤维的比较分析。

“个体识别”的概念在取证中非常重要。这个术语意味着一个合理、科学的确定性表述需要明确表示一个物体来源于一个确定的事物，而不是其他任何事物。这个概念尤其适用于一些特殊类型的证据，如指纹、枪支、工具痕迹或笔迹等。百余年来，负责任的指纹分析员一直在不断地证明，从犯罪现场的物体上提取的指纹都来自某个特定人的特定手指。目前的科学技术手段尚无法证明所有指纹的特征都差异明显、截然不同，在这种情况下，科研分析结果并不能确定每个指纹都明显区别于其他指纹，因此，认真的观察及多年的经验是分析员得出结论的基础和前提。

最新的 DNA 分型技术也能以不同的方式适用于个体识别的概念。现代 DNA 分型技术通过确定存在于基因组多个“位置”上的 DNA 的特定变异体来完成。由于每个位置的 DNA 类型已被证明独立于其他位置的 DNA 类型，所以每个位置的特定变异体的概率可以乘以其他变异体的概率。这就产生了令人难以置信的特定 DNA 类型组合的小概率。这样的统计概率可理解为“两个随机挑选的人具有相同 DNA 类型的可能性”。有人认为，既然这种概率如此之小，发现与犯罪嫌疑人相同的 DNA 类型也就意味着在事实上实现了个体识别。但这并非正确的观点，这样的统计概率也不能论证绝对的个体识别。

后面的章节将会讨论到，个体识别通常能够绝对实现。这是法庭科学家们的共识，并且这类结论通常在庭审时会被接受。但是，我们必须始终牢记“个体识别”的概念。在刑事调查或庭审中，“类别”与“个体”的区分始终最为关键。[1]

对证据的分析包括两个过程：识别和比对。识别总在分析中进行，而将已知来源的检验材料与具有证明力的样本进行关联，就需要进行比对，如将试射武器的子弹与凶杀案被害人体内的子弹进行比对。又如，犯罪现场调查员在毒贩家中发现了一袋白色粉末，以及天平、袋子、胶带、勺子等各种测量器具和容器。调查员将白色粉末送至实验室检测时，或许会问“这是什么物质”“纯不纯”“值多少钱”“这和同一地点发现的另一大桶白色粉末是否一模一样”等问题。

调查员的前三个问题涉及袋子中待检材料的辨别。法庭科学家与犯罪调查人员都想知道这个袋子里装的是否为毒品。如果是，则需要进一步确定其品种、数量和纯度。这些信息对后续的起诉及获取更多的情报非常有帮助。对这些白色粉末的物理和化学测试可对它们进行具体分类，例如，测试结果表明该袋子内有 50 克白色粉末，其中 50% 为海洛因，另外 50% 为糖。这样，我们就知道了粉末到底是什么、纯度如何、重量几许。这些都属于“类别”属性。最后一个问题则是关于该粉末的来源。出于获取情报的目的，警方非常想知道白色粉末中那 50% 的海洛因的来源。也许他们已经得知那一大桶白色粉末的主人是谁，想将这 50 克白色粉末与其建立关联。也就是说，他们希望通过个体识别来探究这一小袋与那一大桶之间的关系。然而，遗憾的是，在上述情况下，这是不可能做到的：那含有 50% 海洛因的 50 克白色粉末并无任何明显的区别特征——或许有成百上千个完全一样的袋子。

我们再回顾一下枪击事件中对被害人体内子弹的分析检测案例。当击发子弹时，由于枪管内部的瑕疵，子弹表面会留下微小的印记。枪械分析员告诉我们，每支枪管都有独特的瑕疵，因此不同武器发射出的每颗子弹都有不同的微型标记。将与犯罪现场发现的子弹同类型的弹药装入可疑武器进行试射，可在显微镜下并排比较子弹上的标记。如果二者的相似特征十分明显，且没有无法解释的差异，则枪械分析员可合理推断这两颗子弹由同一武器击发。这种情况下，被害人身上的子弹作为个体已经进行了区分。由于子弹具有独特的个体特征，所以它可被归为一类。

然而，并非所有类别的物证都有个体识别的特征。表 2-2 列出了一些可能具有个体识别功能的常见证据类别，其中一些我们将在后续章节中详细讨论。凡是可能进行个体识别的情况，我们必须进行比对测试来对已知和未知证据的独特特征进行比较。若没有可用于比较的已知证据，就无法做到对未知证据的个体识别。

让我们再次回到本章最初的那个类比：犯罪现场好比是时间上距离我们最近的“历史遗迹”，它必须严格按照考古发掘那样的方式进行处理。对现场的勘察搜索必须系统、有序，并且要全面细致地记录下来。同时，我们还要尽量减少进入现场时产生的污染。相较于其他部分，现场的物体和人员的位置最为重要。犯罪现场与考古遗址之间的主要区别在于，犯罪现场调查有法律严格保障的“证据保管链”。[2] 它既是对犯罪现场的记录过程，也是对证据的保护过程。任何尝试变更、篡改证据的操作或企图，相关人员都会依照规范的操作程序予以记录。证据可以有多种分类方式，其中最重要的方式之一就是将证据划分为“类别”与“个体”。

表 2-2　可能具有个体识别功能的常见证据类别

可能进行个体识别的证据	类别证据
子弹及一些工具	毛发*
指纹、掌纹、脚印	纤维个体
笔迹	泥土
油漆碎块或玻璃碎片（通过破裂纹理比对）	微小的油漆碎片或玻璃碎片
血痕及血液（DNA 分型技术）	墨汁及染料

* 若毛发带有毛囊，则可提取毛囊细胞的 DNA，这样就可完成毛发的个体识别。

对证据的正确分类不但是我们得出正确结论的前提，还是我们与未知来源的证据建立联系的正确途径。通常来讲，类别证据不能关联到某个具体的对象或人。而个体证据则可以用来与已知来源的样品进行比对，当它们具有充分的独特特征时，便可以认定该个体证据与已知证据同源。我们得出这种结论的前提依据是，充分的独特特征可将证据源自其他事物的可能性降至可以忽略不计。随着数据库技术的飞速发展，我们可对所有已知人口的 DNA 类型进行分析比对，在此基础上，我们借助 DNA 分型技术便可以对生物学证据进行个体识别。这样，DNA 分析员就能得出人群中某具体类型 DNA 的出现频率，当频率的独特特征异常明显时，还可分析到具体的某个人。

法庭科学独具魅力的原因之一在于，收集和分析证据仅是整个过程的一部分。法庭科学的结论是否有效、可靠，还要看它对法院审理的影响。即使是世界上最先进的科学技术，也无法补救一个毫不称职的专家证人。法庭最终采信的证据内容及方式，一直都是法庭科学家们面临的问题。在下一章，我们将具体讨论法庭科学与法律的关系。

要点总结

1. 犯罪现场调查的原则有：（1）尽量减少污染始终是我们的第一要务；（2）犯罪现场必须进行系统全面的调查；（3）犯罪现场必须完整全面地记录下来；（4）收集犯罪现场证据时，切记不得损害或破坏证据。
2. 证据主要分为实物证据、展示证据和证人证言三种。
3. 个体识别的概念在取证中非常重要。这意味着一个合理、科学的确定性表述需要明确表示一个物体来源于一个确定的事物，而不是其他任何事物。
4. 对证据的分析包括两个过程：识别和比对。识别总在分析中进行，而将已知来源的检验材料与具有证明力的样本进行关联，就需要进行比对了。
5. 对证据的正确分类不但是我们得出正确结论的前提，还是我们与未知来源的证据建立联系的正确途径。

信息延伸

1. 国内刑事科学技术通常强调“种属认定”原理。种属认定是指具有专门知识经验的人，通过对物质或痕迹进行检验，确定物质属性或遗留痕迹物体的种类，或是比较两种物质的属性是否相同的认识活动。依据鉴别对象的种类，种属认定可以分为人的种类鉴别、物的种类鉴别以及其他事物的种类鉴别，如真伪的鉴别、时间的鉴别等；依据种属认定所根据特征的不同，种属认定可以分为两大类，即客体种类的认定和物质属性的认定。参见单大国．刑事科学技术．北京：高等教育出版社，2016。

2. 证据保管链又称“证据保管锁链”，是指从获取证据时起，至将证据提交法庭时止，关于实物证据的流转和安置的基本情况，以及保管证据的人员的沿革情况。证据保管链要求每一个保管证据的人提供证言证明对证据的保管是连续的；不仅如此，还要求每一个人提供证言证明在其保管证据期间，证据实质上保持相同的状态。参见陈永生．证据保管链制度研究．法学研究，2014，(5): 175–191。

FORENSIC SCIENCE

A BEGINNER'S GUIDE

3 法庭科学与法律

英国与美国的刑事司法系统有何不同?

“事实上的裁判者”指的是谁?

什么样的证据才能够被法庭接受?

法庭科学实验室报告包括哪些内容?

专家证人与普通证人有何不同?

科学证据通常在实验室内分析，有时在犯罪现场提取后就直接分析了，但真正的考验却是在法庭上，这就是“法庭科学”中有“法庭”二字的原因。世界各国的法律制度都有谁可以提供证据以及提供何种证据的规定。法庭通过传票❶传唤证人。无视传票的人会构成藐视法庭罪[1]，并可能会被判处监禁。专家证人出庭时需制作并携带与案件相关的所有文件，包括报告、表格、展示图和分析证据过程中所做的笔记等。本章我们将讨论科学技术证据的独特性以及它们在法庭上是如何被展示的。

刑事司法制度

许多国家的刑事司法系统都有分级体系。例如，英国的刑事司法

❶ 传票是法院依法签发，要求被传唤人按指定的时间，到指定的地点出庭参加诉讼活动或进行其他诉讼行为的书面文件。

系统分为两级刑事法院，下级法院是治安法院，通常审理较轻罪行的案件。在美国，这类法院常被称为（联邦）地方法院。[2]英国的上级法院是刑事法院，这个法庭听取来自治安法院的上诉案件，并且是罪行较重案件的初审法院。在美国，这种法院常被称为高级法院或巡回法院。

英国有三级上诉法院体系：高等法院王座法庭负责审理经治安法院审理的简易审判[3]的上诉案件；上诉法院刑事庭负责审理经刑事法院审理的上诉案件；最高法院[4]负责审理经任何上诉法院审理的上诉案件。在美国，每个州都至少有一到两级上诉法院。除此之外，还有联邦最高法院，负责受理各州最高法院及联邦法院的上诉案件。[5]无论是英国和美国，还是世界上其他任何国家，刑事审判程序都有一定的相似之处。在美国，首先会选出陪审团，然后检方进行开场陈述、请出证人做证，其间证人还可能要面对辩护律师的交叉询问。[6]接下来是辩护律师进行开场陈述，随即可能也请出证人做证，其间证人也可能要面对检方的交叉询问。经过一番唇枪舌剑的激烈辩论，双方进行最后陈述，由陪审团进行评议和裁决。最后，审判结束。

证据规则

在第 2 章，我们将证据定义为“任何能够为事实或假设增加可能性的事物”。也就是说，它是能够证明或反证当下问题的事物。但是这并不意味着证据能够“自动”在庭审中被采信。英美法系中有一套完善的证据规则，这些规则根植于英国普通法，可以追溯到几个世纪以前。这些证据规则通常限制了法院容许的证据类型和数量，其中的原因较为复杂。[7]为了解这些原因，我们必须首先明白法庭中的主要参与者以及他们各自的角色。

可以说，刑事审判中最重要的角色就是那些被称为“事实上的裁判者”的人。“事实上的裁判者”是指有权决定刑事被告人有罪或无罪的一方。在陪审团主导的刑事审判中[8]，“事实上的裁判者”就是陪审团。陪审团在法官的指引下，根据法律，听审案件事实并做出结论，决定被告人是否有罪。在由法官主导的刑事审判中[9]，“事实上的裁判者”则是法官，没有陪审团对法律进行解释，以及对案件进行审批或量刑，所有的决定权都归法官所有。无论是刑事审判中的检方与辩方，还是民事审判中的原告与被告，他们都属于审判中的参与双方。无论是哪一方，通常都认为己方出示的证据没有问题、不容置疑。法庭所允许的最常见的证据是人证或物证，以及书证，如物品或文书等。[10]

从某种程度上讲，许多证据规则都是为了保护“事实上的裁判者”，尤其是陪审团。例如，有一些证据规则的目的就是确保所提供的证据真实可靠。一些证据规则为防止陪审团的时间被过度浪费，特别限制了无用证据和重复证据。另外，还有一些证据规则为了保护被告人的权利，特别限制了证据的性质以及那些可能造成偏见的证据。证据规则十分复杂，已经超出了本书所谈论的范围，但凡是涉及科学或技术证据本身的内容，我都会尽量讲解。

所有与案件有关联的、具有证明能力的证据都可被法庭接受。但若是证据与案件无关联，即使它具有证明能力，也不可能为法庭所接受。虽然这听起来很简单，但往往细节决定成败，法庭会花费大量时间来判断证据是否具备关联性和证明能力。

证据的关联性有两个判断依据：实质性和证明力。它们是证据的采信依据，缺一不可。若证据与正在审理的案件明确有关联，证据就具备实质性。事实上，盗窃案件中的被告人曾因盗窃被捕的事实对本案并无实质意义。这就是陪审团不能知道被告以前的犯罪记录的原因之一。此外，从在犯罪现场发现之时起，直至送往法院并在法庭上展示时，证据均要求真实且维持原貌，这也是实质性的内容之一。例如，如果警方无法证明被采纳为证据的枪支是凶杀案中所使用的，那对本案而言，该枪支就无法被认定为实质证据。证明力是指证据必须证明与案件相关的一些事实。即使被告人曾出现在犯罪现场附近，也无法直接证明他有罪。

证明能力，也就是证明资格，在法理学上有它的特殊内涵。在法律上，“能力”并不意味着能否做某事，而是指一系列的规则和限制。其中有些限制关系到是否侵犯特殊权利的情况。例如，在普通法中，有两种与婚姻有关的特权，其中一种就是，如果夫妻一方向其配偶做出自我归罪陈述[11]，则该配偶有免于为起诉一方做证的权利。事实上，即使其配偶想要做证，做出归罪陈述的一方也肯定会进行阻止。同样，忏悔者向牧师做出的告解或当事人向自己委托的律师做出的坦白，都会被排除在法庭之外。此外，还有一些其他旨在排除偏见和传闻的证据规则。稍后，我们会将实验室分析报告与传闻证据规则合并讨论。综上，我反复强调，证据必须同时具备证明能力和关联性，这是它能够被法庭接受的前提。

科学技术证据[1]的可采性

大家都看过药物或其他消费品的电视广告吧？通常，广告演员都会穿着白色制服。如果是医药产品的广告，除了医疗制服，演员们还会佩戴上听诊器以示“专业”。当然，这只不过是常见的广告营销策略。因为人们通常倾向于认为，如果宣传者是位医生或科学家，那他们销售的这种产品就一定是好的。人们总是愿意相信科学家一定是他所在领域内的专家和最聪明的人，他们的观点一定正确。

这种微妙的心理在法庭上也是如此。当陪审团听到来自某位科学家的证词时，往往就会相信他所说的话。一般的陪审员无法判断科学家的结论正确与否，因此专家证人的证词往往被毫无质疑地全盘接受。但这样的观念和做法其实风险很大，因为科学家也是人，也会给出误导性的、不真实的证词。如果陪审团对科学家的结论盲目地笃信不疑，就会产生错误的结论。因此，专家证言往往会受到法庭和诉讼各方的详查细审。

实验室分析报告

在几乎所有科学工作中，实验结果都必须记录在实验室分析报告

[1] 我国并没有“科学技术证据”这样的说法。《中华人民共和国刑事诉讼法》第四十八条规定的证据有：（一）物证；（二）书证；（三）证人证言；（四）被害人陈述；（五）犯罪嫌疑人、被告人供述和辩解；（六）鉴定意见；（七）勘验、检查、辨认、侦查实验等笔录；（八）视听资料、电子数据。证据必须经过查证属实，才能作为定案的根据。其中“鉴定意见”更接近于本书所说的“科学技术证据”。考虑到本书的主要目的在于介绍“刑事科学技术”，故保留了“科学技术证据”这一说法。

中。完整和正确的报告应该包括：

◎ 任务目标或目的。

◎ 实验用材料和设备的清单。

◎ 实验程序和方法的详单。

◎ 实验或化验分析结果，包括整个过程中产生的所有数据。

◎ 关于结果的论断，包括解释、统计数据、其他分析结果、已知或可能的错误根源。

◎ 实验过程及分析结果过程中所引全部权威来源的参考文献。

然而，典型的法庭科学实验分析报告与普通实验室分析报告的基本标准存在一定的差异。在许多情况下，法庭科学实验室报告仅包含：

◎ 相关人员基本信息，包括犯罪嫌疑人的姓名，提交证据警员的信息、地点、机构等。

◎ 用于区分识别案件的单独序列号。

◎ 证据清单及简要描述。

◎ 实验分析结果。

◎ 实验员或分析员的签名，但有时需要公证。

实验室分析报告作为证据的部分可能非常简短。例如，实验室分析一袋大麻的结论性报告可能会这样记录：收到的证物是一个装有25.3克绿褐色植物的密封塑料袋，绿褐色的植物被确定为大麻。人们不禁会问，法庭科学家为什么会写这种“不科学”的报告？我们先考虑一下法庭科学实验室报告的读者，也就是警方的刑事侦查员、公诉人、辩护律师，还有法官。有人会认为，可能这些读者所需要的仅是一个实验分析结果和最简短的报告而已。或许还有人会以怀疑的眼光看待这个现象：如果报告提供全部数据、分析过程，甚至错误率，会使法庭科学家在法庭上处于不利地位，时刻面临反对方的种种挑剔和责难。总体而言，对实验过程、数据及结论的全面披露当然是各方都想要的，这也是保障公平正义得以实现的关键因素之一。因此，有人建议法庭科学实验室应当参考商务报告的模板，提供一份详细的报告，同时还应附上一份简短的“执行摘要”给律师、警方和法官。

法庭科学实验报告还有一个有趣的地方：在某些情况下，实验报告或许比撰写实验报告的科学家本人更适合“出庭做证”。法庭科学家或许每年要为成百上千个检验材料做成千上万次检验，这就意味着一位毒品分析员每个月至少要进行100多例实验分析。这当中的许多实验基本上是日常的普通工作，如检验可卡因、大麻、海洛因等毒品。其中的很多例检验结果也许从不会提交给法庭，或者至少要等待数月甚至数年。当一个陈年旧案进入审理程序时，法庭科学家可能早已忘记当时检验的具体情况，唯一的记录和证据就是当年的笔记和报告。在这种情况下，最好的分析结论也许并不来自做实验的科学家，而是来自当年被妥善保管的实验报告。

例如，一位法庭科学家作为专家证人出庭，在一起非法持有毒品的刑事案件中做证。她于一年半之前分析了此案的相关证据，但在同一时期还进行了其他数百个可卡因或其他类型毒品的检验，当时她详细记录了分析过程和分析结果。在直接询问环节，检察官向她出示了一个装有毒品证据的袋子，并问她是否还记得曾经对该毒品进行过试验分析。如果这位法庭科学家根据提醒回想起了这件事的细节，她就可以在审理中做证。如果她无法回忆清楚，则有另一种方法，即阅读自己的报告和笔记，以回忆试验的细节。如果阅读后仍然无法记起，她本人则无法为报告和笔记做证，但她对证据的分析报告和笔记则仍能够作为证据被法庭接纳。因此，实验分析报告是案件中最重要的证据之一。值得一提的是，只有报告和笔记的原件能够被法庭采信，复印件无效。这就是最佳证据规则[1]——它仅限于书面材料。

专家证人与证词

与普通证人不同，专家证人通常都是某个领域的资深专业人士，具有扎实广博的专业知识。他们经常要出庭，根据观察或分析得出的事实进行推论或发表意见。这就要求专家必须能够胜任此项工作。庭审参与各方，如检方、原告或被告等，通常都会要求专家证人描述自己在某个领域的专业程度，以凸显他提供专家证言的资格和可信度。案

[1] 最佳证据是指最可靠的、与需要证明的事实有最直接联系的证据，也称为基本证据或原始证据，区别于第二手的证据。

件的另一方则有预先审查（*voir dire*）[1]权利，这项权利的作用就是质疑专家证人的资格。法院规定，专家证人只能在自己描述的特定领域内做证，如毒品或者指纹。法院还有权拒绝某位证人作为专家进行做证，但如果庭审各方均无异议，那么作为一种惯例，专家证人的资格极少会被取消。

人们通常认为，专家必须至少受过高等教育，具有高等级学位，如博士等。虽然事实上许多专家都具有博士或硕士学位，但这种教育经历其实对于专家资格并非必要。《美国刑法典》第七百零二条将专家证人定义为“借助知识、技能、经验、培训或教育成为专家的证人”。一个人可以通过多种方式展示专业知识。

例如，一幢公寓楼发生了爆炸，致使多人受伤。就在爆炸发生前不久，楼内的住户报告说他们闻到了疑似燃气泄漏的味道，而此时楼内的主热水器也发生了泄漏。是热水器出现了故障，还是有人篡改了燃气管道？爆炸的发生还有没有其他的原因？显然，这时最急需的是一名燃气热水系统专家。这个行业的绝大多数专家都是从学徒工做起，并逐渐掌握全部技能的。他们极有可能有技术背景，但却没有博士学位。别忘记，经验就是最重要的资格。向陪审团展示热水器，并询问他们导致燃气泄漏的原因根本不可行。陪审团成员既没有专业知识或技能，也不具备从案件事实中得出结论的能

[1] voir dire 是一个法语词汇，意思是“讲出真相”。这个词通常用来表示法官、当事人及律师通过询问来审查候选陪审员或证人是否具备作为陪审员或证人的资格及适当性的程序。在审查中，候选陪审员或证人被要求讲真话。其中，对陪审员的有因回避或无因回避的申请都应在该阶段提出。

力。在本案中，真正起作用的是热水器专家关于导致燃气泄漏原因的看法。

法庭上的专家证人

一名合格的专家证人出庭时，行为举止必须遵守一定的准则。有些准则适用于所有证人，而有些则仅针对专家证人。庭上的证人证言由聘请证人一方的直接询问以及对方的交叉询问构成。己方的直接询问与对方的交叉询问可能不止进行一轮，直到双方均提问完毕，证人证言才结束。通常，交叉询问必须在直接询问的主题范围内。专家证人有权查阅自己的笔记或报告，但他们提交给法庭的任何文件都可由任何一方进行检查。

邀请专家证人出庭的主要目的之一就是请他们解释复杂的科学技术问题。所以他们在陈述时，会不自觉地使用“行话”或专业术语。这些术语虽然很容易被同行业的其他专家所理解，但对普通民众而言，它们往往晦涩难懂、不知所云。专家证人使用普通民众能理解的语言和表达方式解释复杂的概念非常重要。陪审团或法官有权自由评估专家的证人证言。这是因为，不能仅因为某人是专家，陪审团就必须对他的观点深信不疑。与普通证人不同，法庭对专家证人有着特殊的审查方式，并且另一方通常也会动用预先审查权利向专家发起挑战。

科学技术证据在法庭上的审查方式与非技术证据不同，这是因为普通民众认为这些证据难以理解，同时也因为它们常被人们加以“可靠性”的光环。证据规则指导着我们证据采信的具体时间和方式。法庭科学的实验分析报告是刑事和民事案件的重要证据，它们包括关于如何分析证据的书面记录与科学家的实验分析笔记。如果证人忘记分析过的证据，实验分析报告可能就成了最佳证人。

本章介绍了法庭科学与相关法律的关系、证据的性质、收集和分析证据的方法以及在法庭上展示证据的规则。接下来，本书的其他章节将讨论特定类型的证据。以本书的体量，我们无法全面涵盖所有类型的证据，因此只讨论最常见的证据。

要点总结

1. 刑事审判中最重要的角色就是那些被称为“事实上的裁判者”的人，也就是有权决定刑事被告人有罪或无罪的一方。
2. 所有与案件有关联的、具有证明能力的证据都可被法庭接受。但若是证据与案件无关联，即使它具有证明能力，也不可能为法庭所接受。
3. 总体而言，对实验过程、数据及结论的全面披露当然是各方都想要的，这也是保障公平正义得以实现的关键因素之一。
4. 邀请专家证人出庭的主要目的之一就是请他们解释复杂的科学技术问题，所以专家证人使用普通民众能理解的语言和表达方式解释复杂的概念非常重要。

信息延伸

1. 在美国，藐视罪有两种情况：藐视立法机关和藐视法庭。所谓藐视法庭，指的是一切影响法官审判或执行判决的干扰行为，包括在诉讼程序进行中实施的干扰行为。参见于改之．刑事犯罪与民事不法的分界——以美国法处理藐视法庭行为为范例的分析．中外法学，2007，(5): 593–605。

2. 美国的法院和法律体系实行双轨制，相当复杂。法院设置上有两重法院体系，一是联邦法院系统，二是各州的法院系统。两大法院系统共同发挥作用，彼此分离，互不隶属，自成组织。联邦法院主要审理涉及美国宪法、联邦法律、国际关系、联邦商务、当事人属于不同州之间的公民和机关的民事案件，以及由联邦宪法所规定的刑事案件。除此之外的案件，则由各州法院审理。参见朱志光，张明松．美国司法的双轨制．中国法学网．http://www.iolaw.org.cn/shownews.aspx?id=2775。

3. 英国刑法上的犯罪分为简易罪和可诉罪，刑事诉讼中有根据起诉程序审判的程序和简易审判程序。英国的简易审判就是由治安法院依照简易审判程序进行的审判。治安法院依照简易审判程序审理的案件包括：只能由治安法院管辖的简易罪；既可由刑事法院管辖，又可由治安法院管辖的混合罪；可以按简易程序审理的可诉罪，决定权在法院，但必须取得被告人的同意。目前，英国绝大多数的刑事案件都是由治安法院按照简易程序审理的，据统计资料表明，按简易审判程序审理的案件占全部刑事案件的97%。美国的刑事诉讼则主要采用答辩交易，又称辩诉交易的方式解决。

所谓答辩交易，是指起诉和辩护双方律师在庭外进行磋商和谈判，起诉方以撤销部分指控、降格控诉或者建议法官从轻判刑等许诺换取被告人做认罪答辩。这样由被告方和公诉方先达成协议而后由法院予以确认的方式，可以节省审判所需的时间和开支。参见陈卫东，李洪江．正当程序的简易化与简易程序的正当化．法学研究，1998，(2):103-111。

4. 最高法院是英国司法中进行最高审级的机关，同时也是英国最高上诉机关。它依据《2005 年宪法改革法案》建立，于 2009 年 10 月 1 日正式运行。根据《2005 年宪法改革法案》规定，最高法院审理英国的民事和刑事上诉案件，前者包括来自英格兰、威尔士、北爱尔兰和苏格兰的民事上诉案件；后者包括除来自苏格兰的刑事上诉案件，换句话说，目前英国最高法院对苏格兰刑事案件没有管辖权。历史上，英国最高法院职权长期由上议院行使，即英国国会的上院。这种传统的做法被认为集立法权和司法权于一身，一直受到英国社会的广泛质疑和批评。对于成立最高法院，英国社会给予了积极评价，认为最高法院“在最高层面上将立法权和司法权分开，是对宪法和法律的发展具有标志性意义的事件”。参见何荣功．英国刑事法院的体系与构造．中国审判，2013 (5): 90-92。

5. 美国是“金字塔”形上诉法院结构。在双层上诉法院体系中，上诉法院受理权利性上诉，意在纠正初审判决的错误；最高法院行使裁量性复查，旨在维护合众国司法的统一。由于上诉法院在渊源上是最高法院上诉功能的延伸，因此上诉法院也贯彻“法律审”，即只关注本辖区具有普遍意义的规则适用问题，而对初审法院发现的因案而异的事实问题则很少加以干预。参见陈杭平．历史、程序、组织——美国联邦上诉法院制度之分析．环球法律评论，2009，(5):103-112。

6. 美国联邦证据法规定，法官应合理控制诉讼当事人询问证人的方式，以确保发现事实真相，避免证人遭受骚扰或不正当之难堪。由法官控制询问程序，避免法庭时间无端耗费，确保交叉询问迅速明确地进行。此外，法院还要针对具体个案做效益衡量，相关证据调查需与法庭时间衡平，如果法庭时间不当延宕逾越相关证据的证明价值，法院可以予以排除。交叉询问要集中在两造争点下进行，避免恣意漫无目的地进行。参见陈健民．美国刑事诉讼中交叉询问的规则与技巧．法学，2004，(4): 109-115。

7. 关联性是英美证据法的一个基本概念。根据《美国联邦证据规则》的规定，任何一项证据，被法庭容许的基本前提，就是必须具有关联性。但是，有关联性的证据，并不一定都具有可采性；同时，对某些事项有可采性的证据，也不一定能够用于证明所有事项；此外，对某些事项不具有关联性的证据，不见得对其他事项均不具有可采性。可见，通过关联性判断可采性的有关规则远比人们想象得复杂。参见易延友．《美国联邦证据规则》中的关联性．环球法律评论，2009，(6): 95-104。

8. 陪审团最重要的职能主要有两个：一是认定事实，二是贯彻社会的价值观念。陪审团要在审判过程中对案件的事实进行认定，即听取双方提供的证据，决定其可信性和说服力，并基于这些证据，对刑事案件中的被告做出“有罪”或“无罪”的裁定。在审判过程中，陪审团和法官分别担任不同的角色，法官在审判中的作用是对法律问题进行认定，对证据的提供做出限制，在必要的时候就有关的法律规则向陪审团做出指示。陪审团要认真听取法官的指示，并在此基础上对事实进行认定。参见赵宇红．陪审团审判在美国和香港的运作．法学家，1998，(6): 38–48。

9. 根据《美国联邦宪法》通过前就适用的普通法规则，处 6 个月以下监禁的“轻罪”不需要由陪审团来审判。美国《联邦刑事诉讼规则》第二十三条允许被告在法院批准和政府方同意的情况下，以书面的形式放弃陪审团审判的权利，而仅仅由法官对案件进行审判。出处同上。

10. 物证是指实际存在的、同待证事实相关联的事实；书证是指特定的证书及其所记载的、同待证事实相关联的事实；人证是指特定人的陈述及其所陈述的、同待证事实相关联的事实。参见裴苍龄．论证据的种类．法学研究，2003，(5): 45–50。

11. 自我归罪陈述：在许多国家的刑事程序中，都确认了任何人不必自我归罪的原则，即任何人都没有协助证明自己实施了犯罪行为的义务，侦控机关不得强迫任何人负此项义务。此项原则在刑事诉讼程序中的直接体现和具体保障措施就是各国刑事程序中关于沉默权的规定。沉默权规则的含义是：犯罪嫌疑人、被告人依法可以对有关官员的提问保持沉默或拒绝回答，不因此而受到追究；有关官员则有义务在提问之前告知犯罪嫌疑人、被告人享有此项权利。参见宋英辉．不必自我归罪原则与如实陈述义务．法学研究，1998，(5): 142–151。

4 毒品：从街头到体内

毒品分为哪些种类？

对毒品的筛选试验分为哪些步骤？

不同毒品的“药物半衰期”是多长时间？

毒品从体内排出的方式有哪些？

我们可将“药物”定义为“作用于人或动物的、旨在对身体或情绪产生特定影响的物质”。绝大多数人认为药物就是使我们感觉更好、更舒服的东西，如阿司匹林治疗头疼、抗酸剂治疗胃灼热等。生活中，绝大多数药物都是由制药公司生产，用于治疗特定的疾病或不适症状。这些药物都是合法药物。顺便提一下，在美国和许多其他国家中，我们日常消费的啤酒、葡萄酒和烈酒中的酒精，即乙醇，并不算作“药物”。不过，虽然适量饮酒对健康无害，但人们却常常纵饮狂欢，甚至醉生梦死。

毒品[1]又称“违禁药物”、“管制药物”或“滥用药物”，可分为两种类型。第一种是将合法药物用于其生产目的之外的其他非法目的，甲基苯丙胺（俗称“冰毒”）就是一个典型例子。历史上，它曾长期作为合法兴奋剂进行销售，用于消除疲劳和抑郁、压制饥饿感。它还曾用于控制“运动机能亢进症”——一种表现为过度活跃的神经系统紊乱疾病。然而，时至今日，甲基苯丙胺很少再用于上述医疗目的了。

相反，制毒者从合法渠道购买或大量窃取药片、胶囊，在制毒实验室将其研成粉末并制成毒品，使它们沦为瘾君子“过把瘾”的帮凶。还有一些人将合法药物用于它本来的生产目的，但使用动机是违法或违规的。例如，类固醇药物被那些违背体育精神、进行不正当竞争的运动员滥用，就变成了兴奋剂。

第二种是滥用没有公认医疗目的的物质。这种物质可能是人工合成的，如苯环己哌啶（俗称“天使粉”）；还有可能是从植物中提取的，如可卡因和吗啡，然后制成海洛因。此外，毒品还包括对植物的部分摄入，如大麻或鸦片。因为这类毒品完全没有任何合法的医疗目的，所以持有、使用、种植或出售此类毒品绝对是违法行为。有人可能会问，假设一个人在家中抽大麻，没有打扰到其他人，这有什么危害？但社会普遍认为，这种浪费生命、伤害身体的行为害人害己、毫无益处。在本章我们主要讨论两类毒品，分析来源、追寻历史、了解用法，并学习如何对它们进行实验分析。

毒品的管制

1971 年，英国颁布的《滥用药物法案》详细规制了毒品。该法案将毒品分为三类：A 类、B 类和 C 类。分类的标准是毒品对人所造成的危害程度，因此 A 类毒品（海洛因、可卡因等）是最危险的。相应地，对使用、销售或制造毒品的惩罚也依据这个分类，因此对 A 类毒品的惩罚也最为严厉。这个法案有两次较大的修改，分别在 1985 年和 2001 年。最近一次修改是在毒品分类的基础上又详细列出了五个明细清单。

清单中明确列出可注射苯丙胺[1]、可卡因（包括“快克”[2]）、摇头丸、海洛因和麦角酸二乙基酰胺（LSD，俗称“邮票”）属于A类毒品；粉状苯丙胺、巴比妥类和大麻属于B类毒品[3]；C类毒品则包括许多类固醇药物、一些抑制剂类药物以及一些纯度较低的苯丙胺类药物等。

1970年，美国颁布的《统一管制物质法案》对毒品进行了定义，同时在五个明细清单中列出了具体的毒品名称。这些被归入明细清单的药物主要遵从了两个标准：一是是否可能会被滥用；二是是否经美国食品药品监督管理局许可，具有合法的医疗用途。《明细清单1》列出的是极有可能被滥用且认定为非法医疗用途的药物，如麦角酸二乙基酰胺、海洛因、摇头丸、苯环己哌啶等。《明细清单2》列出的是较有可能被滥用但可用于合法医疗用途的药物，如苯丙胺类、部分巴比妥类、可卡因、麻醉剂类（如吗啡）等。《明细清单3》至《明细清单5》列出的是有可能被滥用但完全可合法用于医疗用途的药物。根据对违禁药物的分类，持有、贩卖、制造各类毒品的刑罚轻重不一。其中惩罚最为严厉的当属《明细清单1》与《明细清单2》中的毒品。

除了对毒品进行法律方面的分类，还有其他的分类方法。例如，我们可以根据来源对毒品进行分类，这样所有毒品就可分为三类：第

[1] 苯丙胺类，又称安非他命类兴奋剂，属于人工合成的有机胺类兴奋剂，对中枢神经和交感神经有强兴奋作用，是国内规定管制的第一类精神药品。

[2] “快克”全名“可卡因快克”，20世纪80年代早期制造并得到普及。快克的纯度达70%~90%，是可卡因的精制品。滥用“快克”后的反应与可卡因基本相同，但抽吸后“上冲”的感觉较可卡因来得更快、更强烈，成瘾所需时间更短，个体对于“快克”的渴求程度也更强。

[3] 大麻制剂于2003年转归为C类。

一类，天然存在的物质，如大麻、可卡因、吗啡等；第二类，提取自天然存在物质的毒品，如由吗啡制成的海洛因、由麦角酸真菌中提取麦角酸合成的LSD致幻剂等；第三类，人工合成物质，如甲基苯丙胺、苯环己哌啶、羟考酮等。

不过，根据毒品对人体的伤害程度分类仍是最常见的分类方式，这也是我们在本章中将要使用的分类方式。这样，毒品就可分为四大类：兴奋剂、抑制剂、麻醉剂和致幻剂。我们将在每一类中挑选一种毒品来详细说明。应该指出的是，除前述四类毒品之外，还有第五类，即人体机能增强药物[1]，其中就包括运动员为改善表现而服用的许多类固醇药物。但限于篇幅，我们将不会讨论这类药物。

刺激中枢神经系统的兴奋剂类毒品会短暂提升一个人的情绪，临时增加能量水平，缓解一些抑郁症状，并刺激疲倦或昏昏欲睡的人。人们常称这类药物为“兴奋剂”。虽然兴奋剂类毒品通常不会使人产生生理依赖性，但也会有例外。这类毒品对人体影响极大，可使人产生强烈的精神依赖性。此类毒品最典型的例子是可卡因和甲基苯丙胺。

早在数世纪以前，人们就已熟知可卡因的兴奋剂特性。可卡因是一种天然存在的物质，源于古柯属的小灌木树的叶子。[2] 古柯主要生长在南美洲安第斯山脉的山坡地带。近些年来，可卡因的生产中心一直

[1] 根据美国反兴奋剂局的介绍，人体机能增强药物指的是任何能够增强人体活动表现的药物。对它的分类争议相对较大。常见的镇痛药物，如维柯丁、盐酸羟考酮缓释片等也归入此类。

[2] 古柯属植物与生产巧克力的植物可可树不一样。

在哥伦比亚。在医学上，可卡因是一种局部麻醉剂，会导致与它直接接触的身体任何部位麻木。至今它仍在某些特殊医疗程序中被用作麻醉剂，但绝大多数情况下已被其他药物所代替。数千年来，种植古柯的山区中的南美原住民早已知道，他们可以通过咀嚼古柯植物的叶子来增加能量和耐力。可卡因就是从古柯叶中直接提取的。由此制成的粉末称为盐酸可卡因，通常是雪片状的白色粉末，有时人们干脆就称之为“雪”或“粉”。用来贩卖的可卡因很少有极纯的，通常都会加入糖等惰性粉末物质进行稀释或掺假，作为最终产品的可卡因纯度常约为20%~50%。

可卡因必须进入血液才会产生效果，但其中一些会被身体阻隔，并且不会穿过鼻道，所以效果会被部分降低。

在20世纪80年代，一种名叫“快克”的新型可卡因开始流行起来。与盐酸可卡因这种蓬松粉末不同，“快克”通常是石子大小的块状，并且容易破裂，这也是它的英文名“crack”的来源。[1] 美国联邦政府与多个州打击“快克”的力度非常大，通常情况下，持有同样重量“快克”与盐酸可卡因粉末的人，前者将面临更严格的惩罚。[2]

近四十年来，甲基苯丙胺和苯丙胺一直都是非常流行的毒品。甲基苯丙胺相对来说更容易制作。家中、旅馆房间，甚至汽车都可以成为制毒实验室。在美国的一些地方，甲基苯丙胺的制毒实验室十分普

[1] “crack”本义是“裂纹”“缝隙”“碎裂”等。

[2] 在撰写本文时，美国国会已通过立法，减少对持有“快克”和可卡因的惩罚力度不一的情况。

遍。在街头，甲基苯丙胺被吸毒者称为“快速丸”，因为它被高度提纯后具有非常强的兴奋作用。吸食高剂量的甲基苯丙胺会导致死亡，所以在20世纪60年代，美国街道上一度有“超速亡命”（speed kills）[1]的告示牌来警告吸毒者。

在20世纪六七十年代，抑制剂毒品比现在更受欢迎。目前最流行的抑制剂是巴比妥类药物。它本是一类处方药，用于镇静、催眠、抗惊厥及抗癫痫。巴比妥类药物的作用范围较广，苯巴比妥等作用较弱，曾经是一些抗过敏药物的成分；戊巴比妥和硫代戊巴比妥等则属于作用较强的药物。戊巴比妥常用于给病重的人或动物镇静，使其入睡，或用作执行注射死刑时的“致命注射剂”。硫代戊巴比妥或硫喷妥钠在大手术中常用作全身麻醉剂。

致幻剂可以说是最声名狼藉的毒品。顾名思义，致幻剂会引起幻觉，这意味着它们会导致人们看到或听到根本不存在的东西。在过去的数百年中，大麻一直被世界各地的人们冠以各种别名，在英语中就有“weed”“hop”“Mary Jane”“toke”等。虽然大麻不像其他致幻剂类毒品，如麦角酸二乙基酰胺、致幻蘑菇及一些仙人掌提取物[2]等那样会引起反应强烈的幻觉，但人们经常以“放松”的名义吸食大麻。“放松”实在是一个很宽泛的词汇，个人体质、感受及吸食经历的差异都会导致“放松”的预期和程度出现极大的不同。对许多人而言，大麻

[1] “speed kills”有双关之意，一是指公路行车超速危险，二是指吸食甲基苯丙胺过量致死。

[2] 通常是指原产于南美洲的乌羽玉属仙人掌植物皮约特。它的种子、花球碾成粉末口服后能使人产生强烈的幻听、幻视，主要成分是三甲氧苯乙胺，又称作“墨斯卡灵”“麦司卡林”“酶斯卡灵”等。

会刺激食欲，吸食者普遍反映吸食大麻后饥饿感会增强。

大麻是大麻属植物，较易生长繁殖，只要具备充足的光热条件，均可成活。大麻的叶和花可以提取出“精神活性物质”，其主要成分是四氢大麻酚。四氢大麻酚含量越高，大麻对人产生的影响就越大。一般的大麻烟卷中四氢大麻酚的成分仅有1%，但据报道，转基因的大麻植物竟然可以将四氢大麻酚成分提升至40%！大麻的茎、根、籽中的四氢大麻酚含量极低，因此在美国大部分州并未被列入管制物质之列。

另外，大麻还有很多制剂。例如，从花头中可收取大麻树脂，这种黏稠状的液体通常被称为“哈希什”，是整个大麻植物中能够提取的四氢大麻酚成分最高的。毒贩通常将哈希什制作成砖块状进行出售。有时，吸毒者还将大麻叶与其他毒品混合后吸食，英语中称这种大麻为“wobble weed”。[1]

麦角酸二乙基酰胺是效力最强的致幻剂之一。仅需一小滴，吸毒者的幻觉、幻听就可持续12小时之久。由于效力强烈，这种毒品往往用一些奇怪的方式包装出售，最常见的是“吸墨纸滴酸”，即将麦角酸二乙基酰胺用溶剂稀释后，滴到或浸渍到吸水纸上，再将吸水纸切成小方块供人含服。另外，麦角酸二乙基酰胺还会被制成微小的片剂，称为“微点”或“微片”，有时也被称为“橙色阳光”或“紫色阴霾”等具有迷幻色彩的名称。它可与明胶等物质混合，并切分成叫作“窗格”的小方块。现在，甚至还出现了类似于文身贴的贴片，由于麦

[1] 英语中“wobble”指代“Ketamine”，即氯胺酮、克他命、K粉。

角酸二乙基酰胺可以被皮肤吸收，所以这些贴片一样可以导致幻觉。图 4-1 展示了一些麦角酸二乙基酰胺“吸墨纸滴酸”。

图 4-1 麦角酸二乙基酰胺“吸墨纸滴酸”

在美国，“麻醉剂”一词常与毒品相提并论，这遭到了各界的口诛笔伐。麻醉剂的英语表达是“narcotic”，来自希腊语“narco”，意为“睡眠”，这也就暗示着所有麻醉剂的主要作用之一是催眠。严格地说，这里的“麻醉剂”是指源自罂粟属植物的鸦片。

还记得《绿野仙踪》（*The Wizard of Oz*）中，主人公桃乐茜和她的朋友在穿过罂粟田时睡着了吗？罂粟植物的蒴果可以提取出一种黏性浆液。数百年来，人们一直在吸食这种浆液晒干后制成的鸦片膏。这种所谓的“生鸦片膏”当中，吗啡[1]的含量大约占 10%。别忘了，吗啡不仅仅是毒品，还是非常典型的、效力极强的麻醉剂，它具有麻醉剂

[1] 吗啡（morphine）一词源自希腊神话中睡神的名字“墨菲斯”（Morpheus）。

的所有特点，如止痛、镇静、催眠等。医学上用它来缓解接受大手术或创伤严重的患者的剧烈疼痛。鸦片中还含有一种比吗啡效力稍弱的天然麻醉剂，叫可待因。[1] 它也是一种抑制剂，主要用来治疗咳嗽。可待因有时还出现在一些非处方镇痛剂中，如泰诺止痛片（也叫“扑热息痛”），用于缓解小手术后的疼痛。除吗啡与可待因外，鸦片中还含有微量其他种类的麻醉剂成分。

众多麻醉剂中，最臭名昭著的当属海洛因。它是一种以吗啡作为合成起点的半合成毒品。由于罂粟主要生长在远东，因此海洛因的合成和运输路线非常典型：将罂粟从远东运往法国，在法国进行提取，制成海洛因，然后转运至世界各地。电影《法国贩毒网》（*The French Connection*）就生动描述了这样一场毒品交易的经过。海洛因的效力比吗啡强 10 倍，在一些国家被当作与吗啡相同的医疗用品。但在美国，海洛因未被允许用作医疗用途，并且被联邦政府归为第一类毒品，也就是对人体造成伤害最大的毒品。所有的麻醉剂毒品都会使人产生生理依赖性，其中以海洛因尤甚。尽管这些毒品的戒断症状不会致命，但反应却异常强烈、痛苦。

在毒品市场贩卖的海洛因通常都是白色或褐色的粉末，纯度约在 5%，其余成分主要是掺杂剂，如糖类等。海洛因通常以注射方式摄入，这会使人产生毒品症状以外的一系列问题。例如，吸毒者习惯性地分享注射器，会导致艾滋病和肝炎等血源性疾病的传播。海洛因成

[1] 近年来流行的新型毒品“紫水”，其主要成分就是可待因，或含有可待因成分的止咳水。这种新型毒品同样具有成瘾特征和戒断反应。

瘾者的手臂常有明显的注射痕迹，有时也在身体的其他部位，如脚趾间等。

近年来，又有许多新型麻醉剂类毒品被开发出来。这些毒品与那些天然存在的毒品特点相似，但不良反应更小。美沙酮是比较典型的一种，它被用来替代海洛因，成为那些试图“彻底解除毒瘾”的人的替代“戒毒药”。[2]在过去的几年中，羟考酮作为一种“聚会狂欢药物”重新回到了充斥着各种毒品和乙醇的狂欢聚会中。

毒品的检验

美国缉毒署的探员以及州与地方的警员正致力于阻止毒品流入美国，并逮捕那些持有并贩卖大量毒品的犯罪分子。毒品被缉获后，会被送到法庭科学实验室进行毒品检验分析。在分析过程中，有许多因素需要考虑，包括如下几点：

◎ 毒品是何种物质？形态如何？

◎ 缉获的毒品是大量独立包装还是散装？

◎ 毒品纯度如何？含量高还是低？

◎ 毒品混合物的称重是多少？

无论在法庭上，还是在实验室的实验分析报告中，法庭科学家在任何时候、任何情况下给出的结论都必须在科学上足够可靠和经得起辩论。若科学家发现白色粉末中含有可卡因成分，则必须证明这一结论已具备充分的“合理的科学确定性”，这是法庭的举证标准。科学家得出的结论必须没有合乎逻辑的其他选择。出于这个原因，大多数检验材料都必须进行至少一次的确认检验。一般来说，检验从一般到具体都有。每项检验步骤都会提供一些关于材料可能的身份信息。整个方案或确证实验进行完毕后，法庭科学家就能够准确识别送检毒品。

最普通的毒品检验方式是筛选试验，或称为现场测试。大多数常见毒品都有具体的筛选试验办法，通常是向毒品样本中添加一种或多种化学试剂，并观察它的颜色变化。例如，最常见的大麻筛选试验共涉及三种化学试剂，最终颜色均为紫色。同时，对可卡因的筛选试验也用到了三种化学试剂，最终颜色为绿松石色。这些筛选试验的目的是缩小检材种类的可能性。如果提交的检材为白色粉末，这一步就显得尤其重要。因为白色粉末可能是多种物质中的任何一种，筛选试验对引导法庭科学家进行适当的鉴定非常重要。在这里需要强调的是，筛选试验从不用于最终确定某种具体的毒品。因为在每个筛选试验中，可能有许多其他物质同样会产生类似的反应。

绝大多数的毒品，尤其是粉末状的毒品，很少以纯度极高的形式出售。几乎所有的毒贩都会添加一种或多种掺杂剂对其进行稀释。要最终确定毒品的种类和性质，就必须将其与掺杂剂分离。如果毒品体量大，可考虑使用液态有机溶剂对毒品进行萃取；如果毒品体量小，则可使用仪器设备，如气相或液相色谱仪。绝大部分毒品样品都需要至少一次确证试验，以保证检材成分的确定性。在大多数法庭科学实验室中，确证试验都会采用质谱技术。[1] 使用这种技术，检材样品的离子会根据质荷比进行电离和分选，结果会显示为特定物质所独有的结构式。例如，可卡因经过质谱分析后得到的结构式绝不可能与海洛因或其他任何物质的结构式相同。因此可以说，质谱检测技术是对绝大多数毒品进行确证试验的最佳选择。

大麻是少数通常不需要进行确证试验的毒品之一，因为它是一种较易识别的植物。植物的肉眼识别也是实验分析方案的主要部分之一。而对四氢大麻酚的检验，则需要借助筛选试验和分离试验。此类试验通常是整套检验方案的一部分，也是对疑似大麻检材进行确证试验的必要环节。

有些情况下，在检测注射器中的海洛因或吸管中的可卡因的残留物时，也许是因为毒品的含量太少，不足以支撑进行所有必要的试验，从而导致无法确认是否存在毒品。这时可能就需要专家提供有关该毒品成分的保留意见。有时还会出现相反的情况：当大量包装中藏有毒品时，必须想办法确定如何对这些毒品进行取样和检测。我曾经有过一次参与检测 7 吨多重大麻的经历，要对 320 块重 22 千克的大麻砖进行检测。每块大麻砖都需要提取样本来进行试验分析。还有一次，我收到了 535 个疑似可卡因的小袋包装。每个袋子都必须打开、称重、筛选。其中的一部分按照抽样比例进行进一步的试验，以确证可卡因的成分。在

[1] 质谱分析法是通过对被测样品离子的质荷比（m/z）的测定来进行分析的一种分析方法。被分析的样品首先要离子化，然后利用不同离子在电场或磁场的运动行为的不同，把它们按质荷比分开并得到质谱。通过样品的质谱和相关信息，我们可以得到样品的定性定量结果。

这种情况下，只要代表性样品进行过试验分析就可以了，这种取样分析方式也是被允许的。

法医毒理学[1]

到目前为止，我们在本章讨论了常见毒品以及它们在贩毒过程中的样子。有读者朋友不禁会问，为什么人们会吸食这些毒品。我想部分原因就在于，这些毒品本身就具有被人们滥用的可能性。瘾君子们吸食这些毒品，很大程度上是因为这样做会让他们感觉良好。吸食毒品后的短时间内，他们更清醒、更敏感了，或者更平静了，焦虑也减轻了，甚至还能产生脱离现实的幻觉。在本小节，我们将聚焦于常见毒品的物理和化学形态以及吸食后的反应。虽然个别毒品在适量吸食的情况下具有愉悦或治疗效果，但更多的毒品是只要滥用就会对人体产生危害甚至会致命。在本章的剩余部分，我们将关注吸毒者吸食毒品后的种种反应。

毒理学可被视为药理学研究的一部分。它研究毒品及其对生命体的有害和有益的影响。当科学家们应用药理学原理对涉及刑事案件的毒品和毒物进行毒害检验分析时，他们的工作就被称为“法医毒理学”。我们所关注的部分是吸食毒品后的反应，因此这部分就属于药理学中药效学的研究内容。

毒品的吸食方法花样繁多，如吞服毒品粉末、片剂或胶囊，将毒

[1] 毒理学是一门研究外源因素，如化学、物理、生物因素对生物系统有害作用的应用学科，也是对毒性作用进行定性和定量评价的科学。

品粉末溶解在水中饮用，通过鼻腔吸入液体或蒸汽，用注射器进行肌肉、皮下或静脉注射，或者通过抽烟的方式摄入毒品。具体的吸食方法由毒品的种类及其与体内器官的相互作用方式来决定。例如，某种毒品会被胃酸破坏，于是无法口服。为了防止毒品在胃或小肠中溶解过快，有人会用延缓溶解的包衣对毒品进行包装，或以裹有包衣的微小颗粒形式摄入毒品，也就是缓释胶囊，这样会延缓毒品进入血液的时间。

吸食毒品的方法会影响毒品进入血液的速度，对药效的发挥有着极为明显的影响。静脉注射使毒品直接进入血液系统，是最快的途径，其次是肌肉注射和皮下注射。吞食通常是毒品进入血液最慢的方式。

毒品口服后，首先会进入胃部，然后通过幽门进入小肠。一些毒品经胃吸收后进入血液，一些经小肠吸收，还有一些则是二者兼顾。这就是说，用口服方式吸食毒品，吸毒者无法控制人体吸收毒品的速度。吞食毒品后,它的吸收速度取决于胃的内部情况。如果是空胃状态，毒品就会被迅速吸收；如果胃中有食物，毒品将与食物进行“竞争”，只有部分会进入血液，这就意味着毒品的吸收相对缓慢。一旦毒品进入血液，就会在体内进行循环。虽然毒品效力会侵害部分器官，如心脏等，但几乎所有的毒品都会对大脑产生严重影响。现代药物化学已经十分发达，科学家可以将药物设定为只在大脑的某些特定部分产生作用，制造可预测的效果。

毒品在血液中的浓度越高，产生的效力就越明显。在毒品纯度极低的情况下，某些反应甚至不会发生。从理论上讲，由于血液将毒品运输到每个组织中，它们理应在整个人体内或多或少地均匀分布。然而事实上，有些有毒物质仅集中于某些组织或器官中。例如，低浓度的农药可能不会对人体造成严重伤害，但是因为农药易积聚在脂肪组织中，所以随着时间的推移它的浓度仍能达到中毒水平。重金属，如汞或铅，则更容易在牙齿和牙龈、手指和脚指甲以及头发中积聚。毒品当中，麦角酸二乙基酰胺和大麻似乎容易积聚在大脑的某些部位。这或许可以解释一些吸食麦角酸二乙基酰胺的人在若干年后仍可能复发，也就是出现所谓的"倒叙"情况。❶

当药效达到最大值后，有毒物质在体内的浓度便开始下降。药理学家使用"药物半衰期"一词对这种现象进行描述，指的是药物浓度下降到一半所需的时间。药物半衰期的差异可以很大，如催眠药物 GHB[3] 的半衰期约为 30 分钟，可卡因的半衰期则为 60~90 分钟，而海洛因则只有 3 分钟的半衰期！有毒物质在人体内的成分降低是由两个过程引起的：代谢❷和排泄。随着有毒物质在身体内循环，它们最终都会到达肝脏。肝脏具有将药物变成不同物质或"代谢物"的能力。主要代谢物还可以被代谢成另一种代谢物，称为次级代谢物。例如，海洛因的主要代谢物是吗啡，前文提到，吗啡就是一种天然存在的麻醉剂。

肝脏代谢通常按照以下步骤完成：将毒品转化为危害较小或较少毒性的物质，或者转变其存在形式，使其更易于通过尿液排泄出来。通常转化后的形式是离子或盐，因为这些物质更容易溶于水，一起构

❶ 吸食麦角酸二乙基酰胺会出现一种特殊的"反刍"现象，用过此药的人，如果之后不再使用，沉积于肾脏内的麦角酸二乙基酰胺分子会大量消失，但有的又会进入人的脑细胞中，在新的细胞中产生新的连锁反应。也就是说，吸食者在不服用该药物时，有时也会有以往服用该药物后的感觉（"幻觉"）。

❷ 药物代谢就是药物的生物转化，是指药物在生物体内发生的有机化学反应，生物转化的产物称为代谢物。

成了尿液的主要成分。由于许多毒品的代谢过程非常快，法医毒理学家有时不会在血液检材中寻找毒品的原形药物，而是寻找那些已知的代谢物，这些代谢物的存在同样能够作为吸食毒品的证据。

毒品从体内排出的方式有很多种。例如，如果毒品是挥发性的，加热后容易汽化，那它在呼吸中就可以排出；如果毒品是水溶性的，那它就可在剧烈运动或暴露于高温潮湿条件下产生的汗液中排出。但这些方法在毒品排泄中仅占一小部分。毒品的大部分，无论是毒品物质本身还是经肝脏代谢后产生的代谢物，都主要通过尿液排泄。这一过程主要通过肝脏和肾脏完成，人自身基本无法影响整个过程的发生，既无法加速，也无法延缓。

在一些娱乐界名人英年早逝、香消玉殒的报道中，我们时常听闻过量饮酒以及摄入巴比妥类药物是他们意外死亡的元凶。此类现象在药理学上被称为“协同作用”。这个术语从药理学到毒理学，再到商业中都有较为广泛的应用，意思是“整体效果大于各部分效果之和”。也就是说，在过量饮酒和滥用药物的情况下，它们产生的实际效果要远大于单纯过量饮酒和单纯滥用药物的效果的简单叠加。乙醇和巴比妥类毒品都是中枢神经系统的抑制剂。在它们的协同作用下，被害人会呼吸麻痹，直至停止呼吸并死亡。协同作用现象有时会非常棘手。对制药公司而言，推出的新药应当进行协同作用测试，看它是否会与已知药物产生危险的协同作用。病理学家和毒理学家也必须仔细分析协同作用对吸毒者死亡的可能影响。在考虑死因及死亡方式时，应当优先考虑协同作用的影响，且要在毒品纯度分析之前考虑。

当吸毒者持续滥用相同毒品，且无法维持在一定剂量水平时，便会出现所谓的“耐受性”。例如，第一次吸食甲基苯丙胺的人可能需要10毫克就能“过把瘾”，过几天他们发现自己不得不一次吸食20毫克才能达到之前同样的效果。再接下来就是30毫克、40毫克，不断累加。吸毒者一旦成瘾，想要彻底戒除是一件非常困难的事。因为毒品会造成极其强大的生理依赖性，成瘾后想要戒除，会发生十分强烈的戒断症状。以巴比妥类毒品的威力，突然的戒断可能会使成瘾者有生命危险，所以他需要按照一定的方法逐步减少剂量，最终戒除毒瘾。如果一个人对某类毒品已经产生了耐受性，那就意味着他可以接受更大的剂量而不产生危险的反应。当遇到吸毒者死亡的情况，如果在他的血液中发现高纯度毒品，法医毒理学家就必须首先调查此人的吸毒史，然后才能进一步得出结论，判断毒品在死亡原因中所造成的影响。高纯度毒品本身并不一定就是导致吸毒者死亡的直接原因。[1]

针对一些毒品，科学家还注意到一种所谓的“逆向耐药”现象。例如，大麻成瘾者有时会反映，随着时间的推移，虽然他并没有吸食更多的毒品，但却产生了更强的效果。对于此现象的一种解释是，吸食大麻是一种习得性行为，吸食越久，对吸食效果的期待就越高，影响

[1] 每个吸毒者在吸毒的时候，都有可能使用超过自己身体承受能力的毒品剂量。每个吸毒者的原有身体素质不一样，因而对毒品的耐受性也不一样。吸毒者的身体素质会随着吸毒时间的加长而逐渐降低，所以他无法准确判断自己的身体对毒品的耐受情况。而现在吸毒者从各种渠道获得的毒品本身的纯度也很难判定。例如，同样是“海洛因4号”，本来应该纯度很高，可是贩毒分子为了赚取高额利润，在经手倒卖时会在里面掺杂其他粉末物质，吸毒者根本无法判断自己每次所吸毒品的纯度。偶尔吸食一次纯度较高的毒品就有可能导致过量，引起死亡。

似乎就会越大。这就是所谓的逆向耐受性。另有证据表明，在吸食大麻后，其中的活性成分四氢大麻酚会在体内停留至少数月的时间。随着日积月累，人体内的四氢大麻酚成分不断累积，进而“增强”了吸食大麻后的反应。此外，麦角酸二乙基酰胺也被反映说有“逆向耐药”现象。对于这种现象的成因，目前人们还没有完全清晰的解答。

在美国，法庭科学实验室接到的近半数案件都与毒品有关，甚至在世界范围内也是类似的情况。在本章，我们将毒品分为四大类进行讨论：兴奋剂、抑制剂、麻醉剂和致幻剂。近年来，“人体机能增强药物”已被归入第五类毒品。在美国和英国，毒品已经根据其滥用可能造成的危害以及医疗用途被详细列出，它可以是天然存在的、半合成的或者完全由人工合成的。毒品的性状决定了对它分析检测的方法，这些方法通常包括预实验、分离试验和确证试验。法医毒理学是检测分析作为司法审判证据的毒品或合法药物的学科，它主要关注吸食后的毒品的“下落”。毒品的效力取决于它在人体大脑和血液中的浓度，而这个浓度又取决于毒品在人体内的吸收和排泄情况。毒品检测结果因人而异，也“因毒而异”。

在众多证据当中，毒品证据可能是在分析检测方案和得到律师及法官的理解方面最为完善的。不过，虽然毒品很容易检验，但通常很难将某个样品与某个更大的来源建立关联，有时甚至很少有实验室尝试建立这种关联。这样的特点与痕迹证据就形成了鲜明的对比。分析痕迹证据的主要任务就是将证据与特定来源建立起关联，虽然这可能是一个极其困难的过程。在下一章我们就会发现，痕迹证据的分析方法并不像药物化学那样具有全面的科学基础。

要点总结

1. 根据毒品对人体的伤害程度分类仍是最常见的分类方式，毒品就可分为四大类：兴奋剂、抑制剂、麻醉剂和致幻剂。

2. 最普通的毒品检验方式是筛选试验，或称为现场测试，通常是向毒品样本中添加一种或多种化学试剂，并观察它的颜色变化。

3. 吸食毒品的方法会影响毒品进入血液的速度，对药效的发挥有着极为明显的影响。静脉注射使毒品直接进入血液系统，是最快的途径，其次是肌肉注射和皮下注射。

4. 当药效达到最大值后，有毒物质在体内的浓度便开始下降。药理学家使用“药物半衰期”一词对这种现象进行描述，指的是药物浓度下降到一半所需的时间。

信息延伸

1. 原文使用的是“illicit drugs”，直译为“违禁药品”。本书遵从国内刑事科学技术的习惯表达，翻译为“毒品”。在美国，“吸毒”被称为“drug abuse”，也就是“滥用药品”。美国官方对“滥用药品”的定义是“非医疗性地使用神经性药品，以致对使用者产生不利后果的行为”。在我国，《中华人民共和国刑法》第三百五十七条规定，毒品是指鸦片、海洛因、甲基苯丙胺（冰毒）、吗啡、大麻、可卡因以及国家规定管制的其他能够使人形成瘾癖的麻醉药品和精神药品。参见高英东．美国毒品问题初探．美国研究，1998，(4): 78–97; 翟帆．《哈里森毒品法》与美国社会的毒品问题．鞍山师范学院学报，2000，(2): 15–21。

2. 美沙酮维持治疗是针对海洛因等阿片类毒品依赖者采取的一种替代治疗方法。这种方法要求吸毒人员每天到指定地点，在工作人员监督下口服一定剂量的美沙酮，从而减少非法毒品的使用和相关高危行为的发生。参见龚俊平，庞琳，吴尊友．美沙酮维持治疗病人保持情况及其影响因素．疾病控制杂志，2005，(3): 250–253。

3. GHB（γ－羟基丁酸）全名为 Gamma–Hydroxybutyrate，又称为“液体迷魂药”“G 毒”“迷奸水”“G 水”等，是一种无色、无味、无臭的液体。20 世纪 60 年代初人们利用 GHB 作为麻醉剂，后来由于发现它的不良副作用便停止了使用，只将其作为安眠药。它与 MDMA、氯胺酮一起并称为三大“约会强暴药”，与此有关的性犯罪时有发生，由此带来了严重的社会问题。我国于 2001 年 5 月发文将 GHB 列为二类精神药物进行管理。参见刘伟，沈敏，马栋 . 新型迷奸药 γ－羟基丁酸 (GHB) 及相关物质 . 中国司法鉴定，2003，(4): 23–26。

5 痕迹证据：指纹、枪弹与笔迹

世界上第一个指纹分类系统是什么？

指纹有哪些形态上的分类？

枪械分为哪几类？

采集笔迹样本时要遵循哪些原则？

2004 年 3 月，在西班牙马德里发生了一系列对地铁列车的恐怖袭击。爆炸物在地铁中被引爆，造成了严重的生命和财产损失。西班牙警方调查人员从现场发现了一些带有部分指纹❶的雷管帽，并将其送往联邦调查局进行分析。联邦调查局负责维护“指纹自动识别系统”[1]，其中收集了数百万套指纹。这套指纹自动识别系统将送检指纹与数据库中的存储数据进行比对，可得到一个潜在匹配的简短列表。指纹鉴定人员将包含可能匹配的若干指纹图片提取出后，手动与犯罪现场的指纹进行比对。

警方期待来自马德里的潜在指纹❷能够识别出犯罪嫌疑人的真实

❶ 刑事科学技术的痕迹证据检验不仅仅包括指纹，所以国内刑事科学技术教程大多采用“手印”或“手纹”一词作为痕迹证据的章节概述。因本章及本书的篇幅所限，主要话题局限在指纹，故仍保留了“指纹”这一译法。

❷ 潜在指纹指经身体自然分泌物如汗液，转移形成的指纹纹路，目视不易被发现，是案发现场中最常见的指纹。潜在指纹往往是手指先接触到油脂、汗液或尘埃后，再接触到干净的表面而留下。虽然肉眼无法看到这些指纹，但是经过特别的方法以及使用一些特别的化学试剂加以处理后，这些潜在的指纹便能显现出来。

身份，但识别结果却指向了美国俄勒冈州的一名叫布兰顿·梅菲尔德（Brandon Mayfield）的律师。随后，另一位联邦调查局指纹分析专家对其进行了确认；再后来，第三位退休的联邦调查局指纹分析专家也做出了同样的确认结果。在此之后，马德里警方发现了与恐怖袭击爆炸有关的更多信息，这让人们对联邦调查局的匹配结果产生了质疑。因为一名恐怖分子在西班牙被抓获，他的指纹与之前的潜在指纹更加匹配。这一结果也得到了两名赶往西班牙进行分析比对的联邦调查局专家的确认。最终布兰顿·梅菲尔德被无罪释放。后来他还因此起诉了联邦调查局，并获得了一笔赔偿金。

三名经验丰富、训练有素的联邦调查局专家为何几经分析，仍得出相同的错误结论？造成这一失误的原因众多，其中就包括在现场提取的潜在指纹质量不佳。然而，其中也有一些被称为“观察者偏见”或“确认偏误”的影响。原本不偏不倚的分析专家在这种偏见的影响下，或者说被这种偏见污染后，得出了原本不可能得出的结论。由于这些偏见的存在和美国一些法院判决的影响，指纹以及一些其他类型的科学证据现在日益受到法院和整个法庭科学系统的详查细审。这些证据就是“痕迹证据”，或者叫“基于经验的法庭科学证据”。痕迹证据在世界各国都是被普遍接受的证据类型之一，而且事实上，它已有上百年的历史。在本章，我们将讨论一些主要的痕迹证据，看它们如何在法庭科学中得到应用以及为何它们会被司法系统谨慎对待。

痕迹证据的定义

痕迹证据包括毛发、指纹、鞋印、轮胎印、笔迹、枪支和工具的各种痕迹，通常它们都具有一些共同特征。对痕迹证据的法庭科学分析主要是对一些能够重现或表现出一定形态的特征或印记进行物理特征的视觉比对。例如，痕迹分析员将犯罪现场的指纹证据与已知样本进行比对，如果二者具备足够多的相似点，同时也没有无法解释的差异，分析员就能得出未知指纹与样本指纹同源的结论。在一些案件中，现场指纹也有可能直接实现个体识别。指纹分析员通常不需要依据各种规则进行额外的正交试验测试[1]，而是依靠自身的经验和判断就能得出结论。在一些法庭科学实验室中，这样的指纹分析鉴定分别由两位不同的分析员独立进行。分析员对彼此的结论并不知晓，而且他们的具体分析过程绝不可能完全一样。

近年来，随着美国联邦最高法院对多伯特诉梅利尔·道药物化学公司案（*Daubert versus Merrill Dow*）做出判决，法官、律师，甚至法庭科学家等多方人士开始重新审视那些在法庭科学证据被采信前，关于证据可靠性的科学展示要求和一些证据，尤其是痕迹证据的科学原理。[2]在一些案例中，由于证据缺乏科学可靠性，美国的法院已经禁止了部分之前常规接受的作为个体识别或建立关联的证据。

[1] 正交试验测试是研究多因素多水平的一种测试方法，它根据正交性从全面试验中挑选出部分有代表性的点进行试验，这些有代表性的点具备了“均匀分散，齐整可比”的特点。

[2] 发生于1923年的弗赖伊诉合众国案（*Frye v. United States*）确立了美国法庭对科学证据的可采性规则。弗赖伊案件所确立的这一规则被称为“普遍接受”标准，根据该规则，一项科学检验必须达到“获得其所属的特定领域的普遍接受”的程度才能被法庭采信。通常认为，“普遍接受”的标准包括两个方面的含义：一是该专家证言是否来自科技领域；二是专家证言所依据的科学原理以及鉴定技术方法是否已经得到本领域专家同行的普遍接受。

在本章中，我们将重点讨论最常见的痕迹证据：指纹痕迹、枪弹痕迹以及笔迹痕迹。

指纹痕迹[2]

我们一起来看看双手：手掌和手指内侧的皮肤并不光滑，有许多凸凹形态的花纹，称为摩擦嵴纹和小犁沟。人们认为人体有这种形态的花纹主要是为了能够更好地抓住物体。❶ 手掌与手指的摩擦嵴纹结构比较复杂，这种在胎儿发育期就开始显现的特征很容易引起人们的兴趣。即使是同卵双胞胎也会有明显不同的指纹，这种似乎不受基因控制的特征让科学家们颇感疑惑。

对手掌、手指进行摩擦嵴纹结构比对的科学称为指纹鉴定学。虽然数千年来，人们一直都在通过指纹识别人的身份，但这门科学至今仍在不断发展。科学家们一直在积极地研究更客观、更科学的指纹比对方法和更新的指纹显现方法。虽然掌纹证据在犯罪活动中时有发现，但更常见的还是指纹。相比较而言，指纹最容易被发现，目前对指纹的研究也最广泛。因此，我们在这一节将聚焦指纹，也就是指头（第一指节）的花纹。

关于指纹的记载，在历史上源远流长。据说中国人早在 3 000 多年前就使用指纹作为法律文书签名的一种形式[3]，但尚不清楚这种签名方式是否用于识别文书的作者。截至目前，没有任何现存证据证明有

❶ 事实上，人类的脚掌上也有嵴纹，但平常容易被忽视，而且在犯罪现场中也非常罕见。

一套完整的规则来将这种签名方式用于识别或比对指纹。人类第一次有组织地利用摩擦嵴纹进行个体识别的事件发生在 19 世纪 70 年代末。驻印度的英国官员威廉·赫歇尔（William Herschel）要求在与当地原住民签订的合同上必须有他们的掌印。但遗憾的是，仍并未有证据显示，他有一套完整系统的方法将手印对应到具体的人。

1880 年，亨利·福尔茨（Henry Faulds）在《自然》杂志（*Nature*）上发表了第一篇关于通过指纹进行个体识别的文章。福尔茨是前往日本的天主教传教士，在医院工作时，发现了人类指纹的独特形态。他曾做实验试图磨去或腐蚀指纹，但新长出来的指纹仍与原来的一模一样。福尔茨还发现，将手指浸入墨水中可以获得指纹的纹线。他提出将来一定可以在犯罪现场收集指纹，甚至还通过指纹协助东京警方调查一宗入室盗窃案。福尔茨一生都对指纹研究保持着浓厚的兴趣。他曾写信给著名的人类学家达尔文，希望得到大师的支持与资助。达尔文将这个请求转给了表弟弗朗西斯·高尔顿爵士（Sir Francis Galton），虽然高尔顿并未资助福尔茨，但明确表示支持他的发现。[1]

1883 年，法国警方专家阿方斯·贝迪永（Alphonse Bertillion）设计了第一套系统的个人身份识别方法。这套方法被称为“人体测量学”，它是一门通过精细构图详细描述人体的科学。这门科学又被称为“人物肖像描述法”，因为它不但包括人体的全身照片，还包括对人体的尽可能精确的测量。后来，人们以贝迪永的名字命名这套系统测量方法，

[1] 高尔顿提出了赫歇尔和福尔茨都没想过的问题——指纹分类编码。通过指纹分类编码，人们能把大量指纹按类型和十指顺序有规律地排列起来，以便于查对。

称其为“贝氏测量法”。这套方法以一个未经证实的假设作为基础，即人类骨骼大约在 18 岁之后就停止生长。贝迪永还认为每个人的骨骼形状都是不同的，这就是他要创立一套独一无二的身体测量方法[1]的原因所在。

直到 20 世纪初，“贝氏测量法”一直都被认为是可靠的个体识别方法。但 1903 年威廉·韦斯特（William West）事件发生后，人们意识到这套方法存在问题。当时，韦斯特被判有罪，被送往美国堪萨斯州的莱文沃思监狱关押，那时，监狱系统采用的就是贝迪永的“人物肖像描述法”。但是，当威廉·韦斯特在监狱被仔细测量一番后，监狱警官却发现已经有一个“威廉·韦斯特”在监狱里了——有一个正在服刑的罪犯的人体测量数据与威廉·韦斯特的完全一样。不过，尽管这两人看上去就像双胞胎一样相似，但他们的指纹却是不同的。这例案件证明了“贝氏测量法”并不可靠，也无法进行个体识别。因此，在那之后，它很快便被淘汰了，取而代之的就是指纹。

1892 年，弗朗西斯·高尔顿爵士出版了《指纹学》（*Finger Prints*）一书。这本著作的主要贡献之一是作者提出所有的指纹纹形都可以分为三类：弓形纹、箕形纹和斗形纹。高尔顿还指出，指纹是独一无二的，并且在整个生命中都不会改变。《指纹学》出版时，高尔顿的观点已经初步形成了一定的规模和模式，下一步就是应用这些方法和模式开发出一个分类系统。这个分类系统的设计目的就是将一个人的全部

[1] 贝迪永建议测量身高、坐高、臂长、头长、头宽、耳长、耳宽、左中指和左小指的长度、左脚长度等数十项指标，用以区分个体。

指纹进行编码分类，从而可以更快地检索到具体某类指纹的情况。假设一个人的指纹已经被录入系统，警方若想得知此人的详细情况，就可以使用这种分类方法在数据库中快速检索。

后来，大约在同一时期，两个独立的指纹分类系统被开发出来了。由于对高尔顿的研究有着极大兴趣，一位叫作胡安·布塞蒂奇（Juan Vucetich）的阿根廷警官开发出了第一个分类系统。这个系统几经完善，至今仍在南美洲和中美洲有着广泛的使用。而在英格兰，爱德华·亨利爵士（Sir Edward Henry）则开发出了另一套略有不同的指纹分类系统。与布塞蒂奇的系统一样，亨利的系统至今仍在美国和欧洲大部分地区使用。亨利的分类系统关注每个指纹的具体特点，包括哪根手指有弓形纹、箕形纹和斗形纹，以及在一个具体的纹形中嵴纹的数量是多少。最初的亨利分类系统使用五大类别[4]对十指指纹进行分类，再分出上千个具体的子类。这个分类系统一直运行良好，直到由于子类数量过大而导致系统检索缓慢后，才进行了进一步改良。近年来，美国联邦调查局对亨利指纹分类系统进行了补充分类，进一步扩大了亨利分类系统。

指纹的起源

指纹、手纹、脚掌纹的纹线以及摩擦嵴纹本来的作用是，在人抓握物体时增加摩擦，保持更好的稳定性。指纹来自手掌面的皮肤，尤其是真皮乳头层。真皮乳头层是介于表皮层（最外皮层）和真皮层（皮肤内层）之间的细胞层。指纹的摩擦嵴纹大约在孕期的第 8 周左右开始显现，到第 17 周时就已完全形成。自那时起，除非用人工方法进行改变，指纹可以终生保持不变，只是会随着人的成长而变大。随着摩擦嵴纹的成长，汗腺也同时在生长，并以一定规律的汗孔排列在嵴纹上与之一起形成纹线。当汗水从汗腺中排出时，它会穿过毛孔显现在嵴纹表面。这时，当我们的手指接触物体表面时，手上的汗渍、汗液、皮肤细胞、蛋白质、脂肪和其他物质就会留下印迹。由于这些物质通常是不可见的，所以留下的指纹常被称为“汗潜”指纹。相对而言，那些较容易看到的指纹，如在油漆或血液等物质上留下的指纹被称为“明显指纹”；而那些在柔软的物质，如泥子等上留下的指纹则被称为“成型指纹”。

指纹的形态分类

为了鉴定指纹，工作人员需要对每根手指第一指节上的摩擦嵴纹进行采集。虽然手指的其他指节、手掌、脚掌也有独特的嵴纹形态，但对这些部位尚未进行过深入的研究。

指纹的摩擦嵴纹有各种形状和尺寸上的局部细节特征，主要包括[1]：

◎ 分叉点：嵴纹分出两条叉线。

◎ 终结点：一条直线嵴纹的结尾处处于摩擦嵴纹结构之间。

◎ 孤立点：非常短且呈圆形点状的嵴纹。

[1] 关于指纹的局部特征，具体的分类方法并不完全统一。本书作者列出的六种分类，与国外其他一些学者的分类也略有不同。除了普遍接受的终结点、分叉点、孤立点、环点、短纹以外，有的学者还列出了分歧点、交叉点、钩点、桥接点等。

◎ 短纹：小型、孤立的嵴纹片段。

◎ 环点：嵴纹分叉后形成的环形或弧形的圆圈，且最终仍以线条收尾。

◎ 三叉点：嵴纹分出三条叉线。

上面所列的各种指纹的嵴纹特征被称为细节“特征点”。具体特征点的类型和位置赋予了指纹唯一性，也是指纹比对的基础。图 5-1 显示了从犯罪现场提取的指纹与从犯罪嫌疑人捺印的指纹的逐点比较。

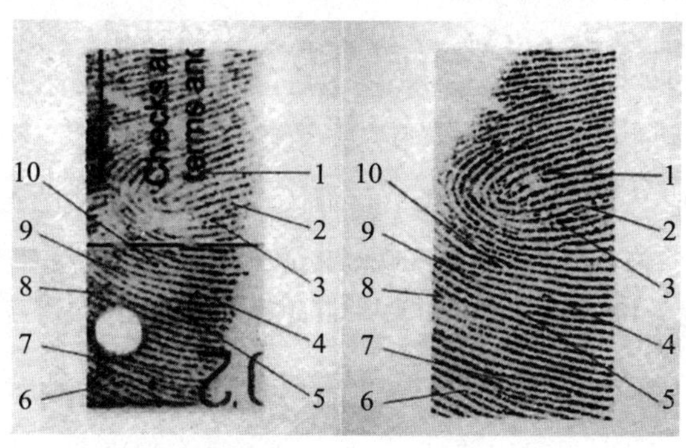

图 5-1 逐点比对捺印指纹和从犯罪现场获得的并通过用指纹粉末撒粉显现的指纹

每根手指的主要摩擦嵴纹都有特定形态。特定形态可分为三大类：弓形纹、箕形纹和斗形纹。这三大类又可再细分为八种类型。箕形纹通常开口向右，而其他类型则开口向左。为了避免混淆并增加确定性，箕形纹的开口方向设定为参照前臂桡骨、尺骨。桡骨位于拇指一侧，而尺骨位于小指一侧。如果箕形纹开口朝向拇指一侧，则识别为反箕纹；如果箕形纹开口朝向小指一侧，则识别为正箕纹。[1] 这也就是说，左手手指的反箕纹开口正好与右手手指的反箕纹开口相反。图 5-1 的指纹开口朝向小指一侧，所以如果该图提取的是右手指纹，那么它就应该是正箕纹；如果图中提取的是左手指纹，那么它就应该是反箕纹。

弓形纹是“少数派”，大约只有 5% 的人的指纹是弓形纹。弓形纹可分为两种：弧形纹和帐形纹。区分这两种形态主要看弓形纹上部的弧度。帐形纹，顾名思义，纹线弧度较大，几乎以垂直的方式支撑着中心弓形纹的形态，而弧形纹则弧度平缓。

斗形纹则是指纹中的“多数派”，大约有 30% 的指纹是斗形纹。斗形纹可分为四种：环形斗、双箕斗、囊形斗和杂形斗。环形斗由许多环形嵴纹组成，看上去像是将小石子投入池塘泛起的波纹。囊形斗看上去像是一个迷你斗形居中、其他嵴纹环绕的斗形纹。双箕斗由两个彼此有重叠嵴纹的箕形组成，两个箕形的走向呈相对方向。杂形斗是无法归入任何斗形纹的花纹，通常由至少两个其他斗形纹组成（环形斗除外）。

指纹的提取与显现

犯罪现场的各种物体表面都有可能发现指纹，所以指纹分析员需要花费大量时间在现场搜寻并提取指纹。即使犯罪分子戴着手套进入犯罪现场，也可能留下指纹。因为手套有可能会滑落，也有可能会因

[1] 正箕纹和反箕纹在有的书中也称为左箕纹和右箕纹、尺箕纹和桡箕纹。

为种种原因脱掉，有时甚至犯罪分子戴着手套也会在物体表面留下手印。相对而言，前文提到的明显指纹和成型指纹比较容易提取。油漆或者其他介质的物体，如泥子等，非常容易将指纹保留下来。对指纹分析员来说，在犯罪现场真正的挑战来自发现并显现隐藏的潜在指纹。随着近年来科学技术的不断进步，显现指纹的方法也日新月异，许多新的物理和化学方法不断得到改善和开发。

显现指纹的具体方法取决于指纹所在的表面材质。光滑、无孔的表面可以直接用指纹撒粉或者用氰基丙烯酸酯烟雾熏显。市面上有大量商业用的指纹粉，颜色五花八门。但显现指纹所选粉末的颜色应尽量与载有指纹的客体颜色形成反差。刷显指纹的毛刷材质通常是骆驼毛或尼龙，非常柔软。对于质地相对较好的客体表面，如塑料和兽皮等，刷显指纹通常使用磁粉和磁性刷。蘸取磁粉后，刷子不需与客体接触，只需反复轻扫过表面，直至指纹显现即可，这样磁粉就可以“挂”在指纹痕迹上，达到显现的目的。

开发显现指纹的新化学方法是指纹研究最活跃的领域之一。历史最悠久的使指纹显现的化学方法是碘熏显现法。在室温下，碘是固体状态，当对其进行加热时，它就会升华，直接变成气体，而非液体。当成为气体的碘遇到指纹痕迹，它们会发生化学反应，使指纹呈现出微红的颜色。但是用这种方法显现的指纹只是暂时性的，所以要在指纹显现后立即拍照提取，并用其他方法将其固定。另一种“古老”的显现指纹的化学方法是硝酸银显现法。因为硝酸银必须以溶液形式使用，因此无法用于那些可能会被溶液损坏表面的物体，这也就限制了这种方法的广泛使用。对硝酸银最大的改进是物理显影剂，它是一种含有还原剂的银基产品，可用于硝酸银适用的表面，也可用于潮湿的表面。

也许现在最流行的显现指纹的化学方法是茚三酮，它是在纸张等有孔表面上显现指纹的理想试剂。将茚三酮以喷雾形式涂于待显客体上，它就会与指纹中留存的任何微量氨基酸发生化学反应，形成一种蓝紫色的化合物——罗曼紫。在室温下，指纹通常需要几个小时才能显现，有时痕迹较弱的潜伏指纹可能需要一天多的时间才能显现。将客体表面加热至 100℃左右可以加速其化学反应。

1982 年，日本科学家用氰基丙烯酸酯进行试验，用它来制造一种新型胶水。他们在排烟柜处加热了一些胶水，稍后回来看时，发现排烟柜里玻璃器皿上的指纹变得清晰可见。氰基丙烯酸酯雾非常容易凝结在指纹嵴纹上，所以“万能胶”熏显法就诞生了。今天，许多法庭科学实验室在熏显柜 / 箱内使用万能胶熏显法，可对多种不同类型的物体进行指纹显现工作。有一种便携式的熏显棒，用于显示小面积范围内的指纹，还有一些熏显装备可以在汽车内进行熏显。虽然用氰基丙烯酸酯雾熏显的指纹痕迹坚固，但颜色却发白，所以需要用其他指纹粉末或化学制剂对其做进一步的显现。如果效果还是不理想，还可将其擦拭后换另一种粉末或试剂。

在氰基丙烯酸酯熏显法的研发过程中，科学家还发现指纹残留物中含有若干种物质，这种物质在暴露于特定波长的光时会发出荧光。但是问题在于，这些残留成分的浓度还不够高，需要极强的光照才能产生足够的能量制造荧光。最早用于观察指纹原生荧光的光线是氩离子激光。当暴露在这种浅绿色光线下时，指纹痕迹就会发出荧光。但是，当荧光物质过于稀疏时，即使是激光照射也无法保证一定可以照出指纹。在开发出氰基丙烯酸酯熏显法后，科学家借助于这种方法显现指纹不易被破坏的特点，采用液体荧光染料，如罗丹明 6G 等，来处理指纹痕迹。这种染料吸收绿色的氩离子激光后会产生黄色的荧光。自从激光照射显现法被开发出来后，科学家又发现了其他种类的可照射光源来取代激光。使用加有滤光器的强光灯能够将特定波长的光用于照射并显现指纹。今天，罗丹明 6G 已经成为法庭科学实验室最常用的指纹显现物质之一。

指纹比对

我们发现和提取指纹的目的，就是将它们与刑事调查中犯罪嫌疑人的指纹进行比对。已知指纹可通过十指指纹信息卡收集。这是一种表单，主要用于收集已知指纹，每个指纹都必须录入在表单的相应表格中，同时犯罪嫌疑人的一些相关附加信息也可以录入其中。录入指纹的时候，捺印人必须蘸足捺印油墨，保证其覆盖整个手指，然后在信息卡对应的表格位置捺印对应的手指。捺印时，首先在第一行录入右手拇指，依次直至右小指，然后在下面一行录入左手拇指，依次直至左小指，至此，就完成了十指指纹录入。表格下方是双手的平面捺印，左边是左手四指平面捺印和左手拇指捺印，右边是右手四指平面捺印和右手拇指捺印。

要想通过指纹辨别某个人的具体身份，数据库中必须有这个人一组完整的指纹捺印墨迹。例如，在英格兰和威尔士，警察局使用的是国家自动指纹识别系统。这套系统正是基于我们之前提到的亨利指纹分类系统。亨利指纹分类系统有一套完整的方法对指纹进行分类，并且每一种类别都有不同的特点。通过字母和数字的符号组合，每一种分类的具体细节类型可以被描述出来，最终结果看起来就像是带有一串数字和字母组合的分数。但遗憾的是，在犯罪现场极少能够收集到全套指纹，更多时候可能仅有一到两个指纹，甚至是不完整的指纹。如果收集到的嵴纹数量充足，仍可将其与已知指纹进行比对。当指纹分析员认为手指嵴纹的细节收集充分，即收集到足够多的点时，就可以将犯罪现场提取到的未知指纹与已知样本进行比对。

直到近几年，许多国家才纷纷制定标准和规定，要求指纹分析员在未知指纹和已知指纹比对时，必须找到足够多的细节特征点数，才能宣布指纹比对确定到某个具体的人。在一些国家，最低要求是 10 个点，也有的国家要求 12 个或 16 个点。但由此也产生了一个问题，即当对一个细节特征有过于繁多的标准时，就相当于没有标准。因此，在 1990 年，国际认证协会宣布，今后将不设定个体识别的最低细节特征点数，而是由指纹分析员来决定。[5]

指纹嵴纹的观察细节有三个级别：

◎ 1 级细节：指指纹的一般特征和形态，如正箕纹。这些特征和形态不能用于个体识别，但可通过比较排除某个指纹。

◎ 2 级细节：指特定的嵴纹，如终结点或分叉点。这些细节特征点可用于对未知指纹进行个体识别的鉴定。但要注意，重要的不是未知指纹和指纹样本有同样数量的嵴纹类型，而是相对于其他指纹，进行比对的指纹的每一个细节特征点都处于同一位置。这就好比我们进行笔迹鉴定时，重要的并不是进行比对的两个笔迹有相同数量的字母“a”或“e”，而是在进行比对的每个样本中，具体每个字母的形态和大小的差异情况。

◎ 3 级细节：指指纹的“瑕疵”，如切割伤、疤痕、边缘形状，甚至还包括汗孔。这些细微的差异有时仅能通过显微镜进行辨别。由于这些极其细微的“瑕疵”对已知和未知指纹来说都很少见，所以通过它们，我们能进一步确认指纹的个体区别性。值得一提的是，以上提到的细微差异的辨别都取决于捺印指纹成像的效果。有些指纹显现法能够更好地显示出指纹的种种“瑕疵”。因此，在比对指纹时，这些因素都需要纳入我们的考虑范围内。

枪弹痕迹

在本节中，我们将讨论枪弹痕迹的证据分析。枪弹痕迹分析是一种非常广泛的法庭科学分析。它通过试验分析，将弹头和枪弹与某个具体武器建立关联，同时还要考虑武器发射能力、发射距离测量、发射方向和角度以及最近是否有人发射过武器等问题。在本书中，我们将讨论限定在将弹头与弹壳匹配到具体武器的分析环节。关于枪弹痕迹的术语，我想先澄清一点，英语中，人们通常混用“bullets”（子弹、弹头)、“cartridge”(枪弹)、“ammo”(弹药)、“round”(射击次数)等术语。这种不进行区分的表达实际上很不准确。基本上，枪弹由弹壳、无烟火药及弹头组成。当火药燃烧时，产生的气体压力化为动力，推送弹头，抛出弹壳。

枪弹痕迹检验

对枪弹痕迹证据的分析，主要借助于使用枪械时留在弹头和弹壳表面的痕迹。由于这些痕迹自武器制造之时就已经通过工具留痕，因此，这部分的枪弹分析实际上属于广义上的工具痕迹分析。工具痕迹指的是因使用工具与物体(客体)间相互接触而产生的擦划痕迹或极细微的印记。例如，使用钢丝钳在钢丝上留下的细微的钳剪痕迹，或入室盗窃时使用螺丝刀在门框上留下的撬压痕迹及微量物质。对枪械而言，使用工具的痕迹就保留在枪管之中。当通过枪管发射子弹时，这些工具痕迹就会从枪管转移到弹头上，同时也在弹壳上留下了其他痕迹。

术语“法证弹道学”经常被用作枪弹痕迹检验的同义词。但我个人认为，这个说法有些用词不当。因为“弹道学”研究的是运动中的抛射体。抛射体的范围可以涵盖从子弹到棒球，再到火箭、飞船等多种物体。枪弹痕迹分析员感兴趣的“弹道学”，仅仅是真正意义上的弹道学的一部分。分析员必须清楚地了解弹头或弹丸从枪支中发射时的运动特征和击中目标时产生的痕迹。

在美国和世界的其他地方，有很多不同类型的枪支在出售。根据类型对它们进行分类并不是一种精确的科学分类法[6]，而且还有许多枪械属于混合武器。但习惯上，枪弹痕迹分析员仍将枪械分为以下五类：

◎ 手枪：在英语中，表示手枪的单词有“pistol”“handgun”等。无论是“pistol”还是“handgun”，都是用来描述那些设计为单手操作的枪械。手枪通常还可以分为以下两类：

（1）转轮手枪：又称为“左轮手枪”，特点是有旋转弹膛和装载独立弹药的弹仓。[1] 当发射后，下一个弹仓滑入，与击针和枪管呈一条直线。子弹射出后，弹壳仍留在弹膛中，需手工退壳。

（2）自动装填手枪：特点是弹匣供弹、自动装填。弹匣位于手枪握把内部，子弹通过托弹簧推入枪膛。在发射后，枪弹在枪膛内完成抽壳、抛壳动作。

◎ 步枪：步枪的操作原理与手枪类似，但整个过程需要双手完成。步枪的类型繁多，常见的分类是单发步枪和自动步枪。

◎ 机关枪：机关枪是一种全自动武器，通过弹匣或弹带供弹。这类枪械在射击时后坐力极强，即使双手把握也难以保证射击的安全性，因此常配有固定枪架。

◎ 冲锋枪：冲锋枪与机关枪类似，但设计为双手握持。

❶ 转轮手枪的转轮既是弹膛又是弹仓。

◎ 霰弹枪：与前四类枪械不同，它发射的不是配给那些枪械的子弹，而是集束的球形弹丸，也称作“散弹”。通常一颗霰弹里面至少有 9~10 粒弹丸。因为发射机制不同，霰弹枪不能归为步枪之列。

在美式橄榄球中，当四分卫将球投向接球者时，他们会在掷球时将球从指尖滑出，借此使球沿其长轴发生旋转。这种旋转运动有助于减少空气的阻力，并使球保持预期的轨迹飞行。不给抛射体施加旋转的应用在生活中也随处可见。例如，棒球中的投手投出的“蝴蝶球”就利用了球不旋转所产生的影响。投手通过拇指及小指支撑球体，其他的手指则呈弯曲状抵住球体，故意投出没有旋转的球。没有旋转的球受到空气阻力的影响，飞行的轨迹飘忽不定，击球员非常难以判断，故更难以击中。这种球不要说击球手，就是投球手也都不知道球会飞向哪里。但当一个人开枪射向目标时，目的就是尽可能精确地将子弹射向自己的预期目标并命中。因此，子弹射出枪管时，必须绕自身长轴旋转而出，这就需要借助枪管中的膛线。

枪械的膛线又称为“来复线”，是枪管内的螺旋形凸凹线条，凸起的线条称作阳膛线，凹下去的线条称作阴膛线。当制造出枪管后，专业人士会使用模头挤压法或多点拉削法等方法在枪管内部表面做出螺旋的阴膛线。每两道阴膛线中间的凸起部分就是阳膛线。阳膛线和阴膛线的数量呈奇数或者偶数分布，通常是 2~9 根。膛线螺旋的方向（顺时针或逆时针）、角度等多个特征对枪弹痕迹分析员来说都是非常宝贵的分类信息，通过这些信息就可以找出枪械的生产商和武器的具体型号。

无论使用哪种方法制作膛线，在生产过程中，所用的工具总会产生极其微小的“瑕疵”。这些需要借助显微镜才能看清的印记，就在生产枪管的时候留在了枪管内部。当子弹从枪管射出时，它不但印上了膛线的痕迹，还将这些微小的特征印在了弹头上。这些阳膛线和阴膛线留下的细微的条纹擦痕就称为“小线纹痕迹”。如果一个有膛线的枪械装有正确口径的弹药，在击发枪弹后，弹头受到发射药燃烧产生的热量影响会膨胀，随后会进入枪管，受其中膛线的影响开始旋转，并发出。在高速旋转时，阳膛线会在弹头上留下擦痕，这时这些擦痕就转成了弹头上的“阴线”，而阴膛线留下的擦痕则转为弹头上的“阳线”。由于这种特点，根据发射出的子弹就可以分析鉴定出枪械本身的膛线分布、方向及角度。弹头上的小线纹痕迹能够很好地反映出发射枪支的具体特点。

弹壳大多是由黄铜制成的，形状众多，以匹配不同类型和口径的枪支。枪弹表面有弹壳槽线，其功能是防止弹头进入弹筒过深。枪弹头部通常还印刻有一些标记，表明制造商和口径。弹壳表面的其他印记还有拉壳钩痕迹、抛壳挺痕迹、击针痕迹和后膛闩痕迹。

历史上最早有记录的发射药是黑火药，由中国人在公元 10 世纪左右发明，当时主要用于信号和烟花。黑火药是木炭、硫黄和硝石细颗粒的混合物。虽然具体配方各不相同，但硝石一直是主要成分。尽管无烟火药已经完全取代黑火药，成为商业用途最广的发射药，但黑火药仍深受重演历史战争的影视作品以及旧式武器的资深爱好者的欢迎。黑火药会产生大量烟雾，暴露射手的位置，而 19 世纪后期开发的无烟火药产生的烟雾则少得多。无烟火药由棉绒或浸有强酸的木浆制成，有些还含有爆炸性极强的硝化甘油。一定要注意的是，无烟火药并不是在弹筒内爆炸，而是燃烧。由于燃烧发生在密闭空间内，所以它具有爆炸的力量。

早在 1807 年，一位叫作詹姆斯·福赛斯（James Forsythe）的苏格兰牧师发现了一种对震动、撞击和摩擦都极为敏感的爆炸物——雷汞。如果它受到打击或撞击，甚至遇到零星的火星，就会发生爆炸。到了 1840 年，人们在生产枪弹的过程中就开始在枪弹头部的底火部分加入雷汞。最初的底火被人们插入弹筒底部边缘，当击锤撞击击针，就打击了弹筒底部，底火产生火花，进而引燃发射药。到了 1850 年，这套系统被改进得更加简单：底火被置于弹筒头部中央内部的一个小杯当中，叫作底火杯，当击针受到打击后，随即打击底火杯，产生挤压，引燃底火，底火通过一个小洞，进而引燃发射药。当从射击者的手上提取并分析射击残留物时，分析员可寻找枪弹底火中的微小颗粒，如锑、铅和钡等。

弹头与弹壳的鉴定

从犯罪现场勘验提取到的弹头和弹壳可能含有大量的微量物证，这种证据首先应由微量物证分析员进行分析。黏附于弹头上的微量物证包括头发、纤维、油漆、金属和组织等。弹壳上则可能有可提取的指纹及以上微量物证。

正确收集用于比对的已知检材与收集犯罪现场的弹头和弹壳同等重要。嫌疑枪支必须装填上与犯罪现场尽可能一致或接近的枪弹进行试射。寻找试射弹壳相对容易些，因为如果发射枪种是转轮手枪，那么弹壳很有可能就在弹膛里；如果是自动装填手枪，弹壳则有可能在发射点附近。但搜寻试射弹头难度相对较大。原先都是选用棉花或其他材料制成团状垫子，以便于试射后寻找弹头。当然，对于强力枪弹，垫子厚度一定要够。寻找弹头的过程非常漫长且枯燥乏味。有时，有些垫子过于粗硬，甚至会改变弹头的痕迹。目前，绝大多数法庭科学实验室都使用一个又大又深的盛满水的不锈钢水箱。水箱的长度和深度都在 2.5 米左右，水箱的底部类似于一个圆锥体，这样试射的弹头在射出后就会滚向底部，通过一个小篮就可以轻易获取。足够多的水可以阻止绝大多数弹头，而且不会损害弹头表面的痕迹。

射出的子弹同时具有“类别”和“个体”的特征。类别特征包括阳膛线和阴膛线的数量、螺旋的角度和方向等，单凭这些数据就可以判断枪支的生产商和型号。另外，枪膛内部膛线产生的小线纹痕迹则可以作为个体特征进行鉴定。通过比较显微镜就可完成弹头的比对。比较显微镜是一个“二合一”的显微镜，即通过“对比桥”将两个显微镜连接。我们可将弹头分别固定于显微镜的载物台上,这时“对比桥”让我们以一只眼睛对应一个物体的方式，同时观察两个物体。观察弹头时可以进行旋转，这样便可以实现两个弹头上所有阳膛线和阴膛线的比对。

对于弹头或其他任何工具痕迹的比对，有一个非常重要的问题值得深究：究竟需要找到多少个对应的小线纹痕迹，枪弹分析员才能宣布两颗弹头出自同一把枪支？我认为这没有绝对的标准。进行比对的两名枪弹分析员对于构成匹配的原因可能有不同的观点。几乎所有的痕迹证据比对，都有可能发生这样的情况。在此方面，业内还没有形成被普遍接受的一致意见。

有时，即使是同一把枪支射出的两颗子弹，弹头上的小线纹痕迹也不一定完全地匹配。例如，枪管内的铁锈有可能会给弹头印上额外的痕迹，这时产生的痕迹更应该说是铁锈痕迹而不是膛线痕迹。当更多弹头从这把枪管藏有铁锈的枪支中射出时，产生的热量和冲击力会冲掉铁锈。在这种情况下，弹头上的小线纹痕迹则又会发生变化。有时即使没有铁锈，重复的发射操作也会使小线纹痕迹的形态前后不一致。这种现象在使用金属包覆弹时，尤其明显。金属披甲表面的瑕疵在击发时既能够产生不属于膛线的小线纹痕迹，还能够抹掉本应由膛线产生的小线纹痕迹。据统计，经过 50 余次的射击后，第 50 次射击在弹头上生成的小线纹痕迹与第一次射击时弹头上的小线纹痕迹无法完全匹配。甚至有的枪支有可替换的枪管，如果犯罪嫌疑人在现场开枪后，中途替换了枪管，就会给比对鉴定工作带来非常大的麻烦。

与弹头一样，弹壳上也能产生许多与弹头类型一致的信息。枪弹分析员可以通过这些信息分析出使用的枪支类型。如果嫌疑枪支在场，还可以进一步判断弹壳是否由嫌疑枪支击发。弹壳上的许多痕迹可以让我们将弹壳与枪支建立关联：击针头痕迹、拉壳钩与抛壳挺痕迹（不包括转轮手枪）、后膛闩痕迹，有时也包括膛内壁痕迹。击针头上有极其细微的痕迹，当击针头撞击枪弹头部时，击针头痕迹就“印”在了枪弹的底火壳上。当射出子弹时，枪支产生的后坐力会使弹壳向后飞向射击者。这时后膛闩则能够阻挡弹壳，避免其产生击伤危险。后膛闩上的细微痕迹在这一过程中也可以印在弹壳表面。拉壳钩，顾名思义，它的功能就在于勾住弹壳，与抛壳挺配合将弹壳抛出枪膛，为下一次击发留出空间。在这个过程中，同样也会产生极其细微的痕迹，且具有比对分析的价值。

笔迹痕迹

嫌疑文件是指来源不明或真实性存疑的书写或印刷的文字信息。文件不一定由纸和墨作为载体：检材文件有可能出现在房屋墙壁、镜面或桌子上，还可以是伪造的护照、货币、征兵证、驾驶执照等；书写材料除了墨水，还可以是血液、油漆，有时甚至是口红。任何商业活动中，只要涉及人与人之间的使用文件，就有可能产生欺诈、伪造文书、涂改、伪造货币或盗窃等。文件检验员必须全面了解写作、印刷、打字、纸张、墨水及其他涂改或擦除文字的方法。

笔迹分析是最古老的，也是最具挑战性的检材文件检查方法。虽然我们仍在使用签名，但在日常生活中日益依赖计算机的习惯已经大幅减少了个人和商业机构使用手写文档的频率。尽管如此，笔迹分析仍是痕迹证据原理和问题应用的经典范例。传统观念认为，笔迹是最具个体特征的证据，但最近一系列的司法案例证明了笔迹比对和识别认定的可采性，让人们对笔迹有了新的认识。

文件检验员通常需要确定某个手写文件的作者身份。这就意味着，必须从“嫌疑人”，即被怀疑为文件作者的人那里获得已知的手写实例，也称为“样本”。为了进行正确比对，样本必须在所有可控方面与待检文字（“检材”）相似。这些方面包括：书写工具的类型、书写方式（打印或手书）、纸张类型（有格或无格）以及书写时间。随着时间的推移，笔迹会发生变化。因此，尽可能早地收集检材文件和比对样本非常重要。获取比对样本可通过要求或非要求两种方式获得。这两种方式各有优缺点，需要根据具体情况而定。

经要求获得的样本可由文件检验员要求或法院以令状的形式进行约束。在这种情况下，不存在真实性的问题，因此通常可采性较高。当要求提供样本时，书写的周围环境应当尽可能布置得与书写检材文件时相似。例如，除非已知的检材文件在不舒适的状况下完成，否则应当为被试尽可能提供舒适的桌、椅及灯光。同样地，书写工具的类型和颜色也应当尽可能保持一致。例如，如果检材文件使用蓝色中性笔书写，那么样本文件也应当使用同样类型的笔进行书写。此外，纸张也应当尽可能保持同一类型，如有格与无格等。

样本的书写应当以听写的方式进行。被试不可查看或抄写检材文件。但建议文件检验员在被试听写时加入一些相同的词句。检材文件中的单词拼写错误以及句子的语法错误对于检验来说非常重要，因此听写时要观察被试是否在样本中重复了同样的错误。听写还有一个优点，即可以避免被试主观地变换笔迹。书写的行为是潜意识的，故意改变书写特征需要“有意识的努力”。如果被试处于听写状态，他就会立刻将听到的词写下来，这就减少了主观改变笔迹的时间。

样本的数量应当尽量充足。要求被试听写长篇内容能够确保涵盖和收集具有典型特征的样本，同时也有助于检验员发现伪装笔迹的企图。随着语篇长度的增加，故意维持主观变更的书写特征会变得十分困难。最终，大多数被试都会改回他们原有的书写习惯。另外，收集样本应当尽可能保持相似的情景。例如，如果检材文件是一张支票，则应要求被试尽可能多地去填写一定数量的、不同金额的支票，可能是10~20张左右。如果检材文件是文件签名，则应要求被试尽可能多地在与检材文件相似的文件上签名。

经要求获得的样本有其固有的缺点，最大的麻烦是，一经要求，被试就会对自己笔迹所存在的问题产生警觉，从而企图改变书写特征。有时，这种要求还会使被试惴惴不安或极度焦虑，这会导致他的书写特点发生不必要的变化。

以非要求方式获得的样本则包括被试出于其他目的的书写的文件（非检材文件），如在正常商业活动中书写的文书、信函，或者其他能够代表书写人真实书写风格的文字内容，如日记等。由于书写人在书写这些文件时，并未被告知文件可能会用于比对样本，因此书写中也没有着重强调或者需要特别注意的地方。

尽管这种非要求的文本代表了书写人的真实书写风格，但这种样本也同样存在缺点。除非这些文字内容能够清晰明确地代表作者，否则它可能在法庭上非常难以被采信。另外，这种非要求的样本很可能与检材文件相似度不够，也没有足量的与检材文件一模一样的单词或短语，这就给检验比对带来了更多困难。

除了以上要点之外，进行文本比对时，样本与检材文件应当尽可能出自同一时期，这一点尤其重要。许多文件检验员通常同时选择要求样本和非要求样本，将二者组合起来进行检验比对。

对检材文件进行比对时，应当尽量遵循以下基本原则：

◎ 两个人的笔迹不可能一模一样。

◎ 个人笔迹有自然变化。

◎ 没有人能够两次将同样的字母或数字书写得一模一样。这就是检验员要求有大量样本的原因，有足量的样本就可以发现个人书写的自然变化范围。

◎ 没有任何一个书写特征独特到能够仅凭这个特征就实现笔迹检验的个体区分。

◎ 文件检验员对检材文件进行作者认定时，没有要求必须出现一定的特征点数才能宣告检验鉴定成功。

在进行任何类型的证据比对时，已知样本与未知样本（检材）必须达到充分数量的相似点，同时又没有无法解释的差异。笔迹检验同样适用于“类别”和“个体”的特点分析法。文件检验员必须保证对检材文件的作者识别结论建立在个体特征分析之上。例如，斜体书写通常属于类别特征，但比较少见的在单词结尾处和大写字母上的装饰书写则属于个体特征。当文件检验员着重分析特别的字母或字母组合时，他们常专门制作表格列出已知样本和检材文件中相同字母的不同实例。这样就可以比较清晰地展示书写人的书写特征，并将两个文件的相似或差异之处在出庭时向陪审团展示出来。对文件检验员而言，最大的挑战可能来自个人签名。这种特殊的检材文件可能仅有一个签名。

例如，伪造的支票上很有可能仅有收款人、金额以及签名，而仅凭这个签名识别作者当然绝非易事。正如我们之前讨论的那样，签名的笔迹特征随情景影响较大，所以文件检验员应当尽量创造检材文本制作时相类似的场景。

文件伪造者试图模仿或伪造他人笔迹的情况很多，伪造对象大多是签名。伪造者首先会获得他人的真实签名，并通过临摹企图复制签名。除非伪造者是一位笔迹专家，否则他的企图通常都能在仔细的文件检验过程中被识别。伪造笔迹的特征识别通常包括：线条质量（如粗细和平滑度）、连笔、提笔处、起笔和收笔，以及润笔。另一种常见的伪造方法是描摹。描摹笔迹是通过抑压、复写等方式将被模仿笔迹先勾描“打样”在伪造的文件上，然后根据“打样”痕迹用钢笔、圆珠笔或毛笔描写成模仿笔迹。描摹通常不太容易发觉，需要仔细观察以下特征：线条质量是否变糟、不协调，是否有描画的痕迹，是否有缓慢书写的痕迹等。伪造文件的第三种常见方法是伪造者根本没有复制原作者的笔迹，而是自己直接书写。通过隐去自己的书写特征，伪造者企图指望文件接收者不曾看过作者原笔迹或不具备鉴别原作者笔迹的能力。

指纹痕迹、枪弹痕迹、工具痕迹以及笔迹都属于痕迹证据，它们虽类别不同，但都会形成特定痕迹或印迹。指纹痕迹通过大拇指及其他手指的第一个指节上的摩擦嵴纹形成。人类大约在胎儿时期就已经形成了独特的指纹，并且终其一生，指纹除了大小之外，其他特征没有任何改变。枪弹痕迹和工具痕迹是划痕及其他印迹在弹头、弹壳及其他物体等客体对工具自身细微特征的具体反映。这些痕迹会随着枪支或工具的反复使用而发生变化。笔迹自儿童时期接受学校教育后就开始形成了。它能够很快内化在人的习惯中，并反映出书写者的书写习惯、惯用手和精神状态等。

所有的这些痕迹类型都可以辨别其中的个体特征。在适当的条件下，它们都能够与特定的来源建立关联。这样的特点使它们成为非常有价值的证据。所有这些痕迹作为证据被法庭采信的历史最少都有 100 多年了。但时至今日，这些痕迹得出的结论由于被认为带有主观色彩或缺乏科学依据，而受到人们的重新审视。

要点总结

1. 对痕迹证据的法庭科学分析主要是对一些能够重现或表现出一定形态的特征或印记进行物理特征的视觉比对。
2. 每根手指的主要摩擦嵴纹都有特定形态。特定形态可分为三大类：弓形纹、箕形纹、斗形纹。
3. 显现指纹的具体方法取决于指纹所在的表面材质。光滑、无孔的表面可以直接用指纹撒粉或者用氰基丙烯酸酯烟雾熏显。
4. 在进行任何类型的证据比对时，已知样本与未知样本（检材）必须达到充分数量的相似点，同时又没有无法解释的差异。

信息延伸

1. 美国联邦调查局的指纹自动识别系统是世界上最大和最先进的指纹自动识别系统。它为美国的县、州各级警察局及其他联邦执法部门提供一年 365 天，一天 24 小时的服务，进行现场指纹和嫌疑人指纹查询比对，并可以在不同执法部门之间进行数据的储存和交换。参见马荣梁，周聪 . 美国联邦调查局指纹自动识别系统考察 . 四川警察学院学报，2013，(1): 140。

2. 手纹是指皮肤组织结构在人的手指、手掌正面形成的凸凹形态的花纹，主要包括乳突纹线、小犁沟、屈肌褶纹、皱纹，以及伤疤、脱皮、汗孔和细点线等。其中，乳突纹线在皮肤表面表现为凸起线条，也称为“摩擦嵴纹”，小犁沟、屈肌褶纹和皱纹表现为凹下线条。指头乳突花纹简称指纹，指节乳突花纹简称指节纹，手掌乳突花纹简称掌纹。参见单大国 . 刑事科学技术 . 北京：高等教育出版社，2016。

3. 中国被世界公认为应用指纹的发源地。考证指纹在中国的应用历史可追溯到古代的签押。文书契约用文字署名或画押在周代就有了，官府行文由各级官吏签署，订立契约需双方署名画押。参见赵向欣 . 浅谈指纹的应用历史 . 刑事技术，1980，(3): 39–41。

4. 亨利系统将指纹分成弓、帐形弓、桡侧箕（即反箕）、尺侧箕（即正箕）、螺旋（即斗）五大类。参见徐同祥，张瑞 . 民国指纹分类演变考 . 江苏警官学院学报，2014，(3): 123–128。

5. 比对档案指纹时一般一次选择 10~30 个细节特征点即可，如果特征点较多，就应多选择特殊特征，而普通特征则可以相对少些，这可以增加现场指纹与档案指纹比对的准确性和可靠性。实践证明，特征点的选择应尽可能地选那些具有特殊性的特征点，一方面有利于区分大多数指纹，而使比对的结果显示靠前；另一方面，有利于我们在做同一认定时进行甄别。当一枚现场指纹可标定的特征点数量较多，且这些特征点分布面积又相对较大时，可以只在某一相对较小的局部范围内将有把握确定的特征点全部标出来，参与比对。参见许燕蓉．现场指纹比对中细节特征的运用．刑事技术，2001，(1): 55。

6. 枪支的种类多种多样，根据不同的标准，可以划分为不同的类别。从技术的角度对枪支进行分类，如按枪支的性能，可分为自动枪支和非自动枪支；按枪管内膛结构有无膛线，可分为滑膛枪和膛线枪；按枪支口径，可分为大口径枪、中口径枪、小口径枪等，这是枪支分类的一个视角，也是绝大部分学者和教材所采用的一种分类方法。参见周慧．全面深化改革背景下的枪支分类研究．山东警察学院学报，2017，(1): 117–123。

6

法医生物学：身体的证据

FORENSIC SCIENCE

A BEGINNER'S GUIDE

法医解剖与医院普通解剖的区别是什么？

如何根据尸冷、尸斑和尸僵来推测死亡时间？

节肢动物在尸体腐败中扮演哪些角色？

法医人类学家如何对骨骼进行识别？

1935 年在苏格兰，人们发现大量用报纸包裹的人体尸块。来自爱丁堡大学的病理学家对这些尸块进行了勘验，发现这些尸块的个体识别特征，如指纹和面部等，都有被蓄意破坏的痕迹。最终，科学家确认这些尸块分属两人，二者均为女性，一名约 20 岁，另一名约 35 岁。法医人类学家通过勘验尸体上的蛆虫，确定死后间隔时间[1]约为两周。这样的推定与包裹尸块的报纸相互确证，发现尸块的时间正好在报纸印刷时间的 14 天后。

警方怀疑这些尸块可能来自 34 岁的伊莎贝拉·鲁克斯顿（Isabella Ruxton）和她的保姆，20 岁的玛丽·简·罗杰森（Mary Jane Rogerson）。一位法医人类学家将鲁克斯顿夫人的照片与尸块中一个颅骨进行了比对，同时辅以其他的个体识别证据，如疤痕等，进一步帮助警方确定了这两位女性的身份。尸体的身份确定后，警方立即逮捕了伊莎贝拉·鲁克斯顿的丈夫鲁克斯顿医生。经法庭审判，鲁克斯顿医生被判有罪并被处以死刑。这宗案件的调查展示了法医生物学的证明力，尤其是病理学家、人类学家、昆虫学家在破案方面发挥的强大团队力量。

许多法医病理学家、人类学家和昆虫学家形容他们的日常工作像恐怖故事一样，比如，他们经常要面对一具尸体或者一堆尸块，为寻找被害人的死亡原因和死亡方式而绞尽脑汁。科学家们必须以证据为客观基础，向我们讲述被害人的“故事”。法医生物学，就是帮助科学家们讲述“故事”的学科的总称。作为一个宽泛的术语，它涵盖了法庭科学中一系列涉及医学和生物学的学科。我们将在第 7 章介绍其中两个特别重要的领域，血清学和 DNA 分型。法医植物学也应算作法庭科学，尽管它还没有得到广泛的应用，但我们可以借助它来分析花粉、木材和一些植物，如大麻、致幻蘑菇和皮约特仙人掌等。

在这一章，我们将一起讨论法庭科学的四个相关领域，它们有着共同的特点：都是将人体作为证据来源的研究，都是应用在死者尸体方面的研究（法医牙科学除外），都是分析死者死亡时间的研究（法医牙科学除外）。对法医病理学家而言，死亡时间是一个至关重要的信息，有了它就能推断死亡原因和死亡方式。如果死亡时间较短，只有数小时，科学家就能够根据尸体中心部位的温度（尸温）和尸僵程度来确定死亡时间。如果尸体所处环境出现昆虫，法医昆虫学家就可以判断死亡时间大约为数天或数周。如果死亡时间更久，尸体发生腐败，仅剩骨骼残骸，法医人类学家也有另外一些方法做出相应的推断。

法医生物学的另一个重要工作是创建被害人档案，或者更进一步说，是识别被害人身份。要想做到这一点，就必须从死亡时间开始进行一系列的科学试验和推断。如果一个未知身份死者的死亡时间较短，法医病理学家就可以通过现场勘验来获取指纹、面部特征、DNA 等重要信息，再结合其他方法做出判断。死者可以由其家庭成员辨认，或者由死者身上随身携带的证件，如驾照等确认。如果尸体已经发生腐败，人体组织和体液已经几乎没有残留，这时就可考虑使用其他勘验方法。如果尸体遗骸疑似为某已知身份人员，那么可将尸体骨骼或牙齿的 X 光片与已知身份人员生前的特征进行比对。通过比对这些 X 光片包含的各种独特特征，或许就足以帮助科学家得出肯定的判断了。在一些几乎没有任何线索的案件中，法医人类学家还会通过一定的方法为尸体建立生物学意义上的档案，其中包括死者的大致年龄、种族、性别、身材等信息，有时还包括社会经济地位以及死亡的原因。

在了解了法医病理学、法医人类学、法医牙科学和法医昆虫学的共同点之后，我们接下来会更详细地逐一讨论这些学科，展示科学家们通常会遇到的证据类型以及他们得出结论的标准。

法医病理学

病理学是医学专业的一门学科。最初，它是研究由疾病导致的人体结构和形态变化的学科，现在此类研究已归入解剖病理学的研究范围。在现代，病理学已经拓展为通过实验室诊断方法来对疾病或死亡原因进行分析研究的科学，其中就包括对从体内抽取的各种检材的分析，如血液、唾液、脊髓液、尿液等，这些分析可以确定人体内是否有毒品或毒物存在，以及它们对疾病或死亡的影响。这一病理学的分支，我们称之为“临床病理学”。解剖病理学与临床病理学的主要区别在于检查的目的不同。大多数临床病理学是由法医毒理学家完成的，他们与法医病理学家一起确定被害人的死亡原因和死亡方式。解剖病理学和临床病理学的研究都可用于法医病理学的实践。有了这些相关学科的协助，法医病理学就可以在各种可疑或无法解释的死亡事件中确定被害人的死亡原因和死亡方式。

许多国家的法医病理学隶属于刑事调查系统。在英格兰和威尔士，验尸官办公室是一个法律与医学调查机构，专门负责对突发或不明原因的死亡事件进行勘验。在苏格兰，这一工作主要由地方检察官办公室负责。验尸官属于独立的司法机构公务员，通常由医生或律师担任。当有死亡事件报告给验尸官时，他们来决定是否有必要进行刑事调查。如果死亡事件明显属于自然死亡，则无须进行调查；如果属于非自然死亡，验尸官就会派遣法医病理学家前往进行尸检。如果死亡确为非自然原因，则验尸官必须开展死因调查。死因调查通常公开进行，没有陪审团，调查的目的是确定死者的死亡方式、死亡地点、死亡时间、死亡原因及身份。如果在调查过程中发现了犯罪嫌疑人，调查会暂停，转而先对犯罪嫌疑人进行审讯和调查。调查结果产生后，公布的死亡方式通常包括事故、自杀、自然死亡、谋杀、不明。美国及其他英联邦国家基本都采用这一分类法。

法医尸体解剖

在英语中，“autopsy”（尸检）的词源意思是“亲眼所见”，不过，这似乎不太适合描述当下的尸检工作。根据英国普通法的规定，尸体解剖必须首先得到死者近亲属（next of kin）[1]的同意。美国绝大多数州也同样遵循这一程序。但是，当法律规定法医或验尸官必须进行尸体解剖时，他们则不必遵守该程序。

自第二次世界大战以来，世界范围内尸体解剖的数量大幅下降。造成这种情况的原因有二：第一，尸体解剖费用昂贵，而费用要由医院承担；第二，医院解剖尸体通常只能在家属同意的情况下进行，而被害人家庭可能会因个人或宗教的原因而提出拒绝。事实上，尸体解剖对病理学家来说是一个很好的学习机会，因为许多医学领域的重要进展都得益于尸体解剖，所以不得不说，这些机会正在减少实在是一种遗憾。法医解剖与医院普通解剖的主要区别在于，法医解剖无须征得家属和主治医师的同意。在美国，每个州都有法律规定将尸体送交法医或验尸官进行尸体解剖的具体情况。在一些案件中，尤其是涉及暴力犯罪的突然死亡或意外死亡，以及可疑的突发死亡事件，必须进行尸体解剖。

法医解剖与医院解剖的另一个不同点是前者不仅涉及对尸体进行检查以确定死亡原因和死亡方式，还需要在死者身份不明的情况下，寻找身体中可能成为线索的物证，以对死者进行个人身份识别。有时一些痕迹还能用于认定凶杀案中的犯罪嫌疑人。不过，未接受法医病理学培训的病理学家经常会忽视或损害重要的物证。

从逻辑上讲，任何类型的尸体解剖都是由外向内进行的。通常，

[1] next of kin 直译为“最近的亲属”。在遗产继承法中，它指亲族关系与血缘关系上与死者最近的亲属，也指依法可以取得死者遗产的人。本术语不一定指血亲，也可指姻亲。

病理学家会在尸体解剖过程中对他们的发现随时进行口述录音，之后再将这些录音转换为文字形式。有时，他们还需要对尸体上的伤口或损伤进行绘图，但现在更常使用摄影技术。细致的尸表检验非常重要，它可以提供与死亡原因和死亡方式有关的线索，还能发现诸如文身或不寻常的衣物等独特特征，同时也有可能发现能够将死者与犯罪现场或犯罪嫌疑人联系起来的微量证据。病理学家会对死者的尸体进行详细拍照，包括穿衣和赤裸的不同状态。另外，尸体的创口和损伤，如枪伤的入口和出口、抵抗伤等，都是要记录的重点。[2]

做完尸表检验并妥善记录后，就要在躯干上用标准术式切口来进行尸体解剖。血液、尿液及其他体液的样本通常要送往法医毒理学家处检验，以确定死者体内的药物或毒物是否为导致死亡的直接死因或辅助死因。尸体的主要器官需要提取、称重和测量，并进行离体检查，以确定它们中是否存在可以提供死亡原因和方式的特征性伤口或损伤。枪伤或刀伤等损伤都会在体内各器官留下细微痕迹。如果体内有弹头或霰弹弹丸，则需要首先确定弹头位置，然后将其移除。如果尸体的身份尚不明确，可对尸体进行 X 光检验，以便与死者生前的 X 光片进行比对。

损伤形态及暴力性死亡[3]分类

尸体解剖的主要目的是确定死亡原因和死亡方式，尤其在暴力性死亡案件中，尸体解剖尤为重要。其中最重要的证据是损伤形态，经过培训的法医病理学家能够识别这些形态，并将其与死亡原因联系起来，而未经法医专业培训的病理学家则可能无法发现这些痕迹，或对其产生错误的理解。

导致暴力性死亡的原因可以分为四类：机械、热、电及化学。有些死亡的类型可能同时属于两类或更多类。例如窒息，即大脑缺氧，既有可能由机械作用引起，也有可能由化学或电引起。在英美等国，暴力性死亡最常见的机械性损伤是枪击和刺伤，其他类型则包括交通事故和高空坠落。

锐器伤是由具有锋利刃口或尖端的刀具和其他工具造成的创伤，开放性创口明显、创缘光滑、创壁整齐。通过检查伤口，法医病理学家可以判断造成创伤的器具类型，但通常无法确定确切的尺寸。例如，如果一把刀具有锯齿状边缘，创缘便会相应显示出锯齿状痕迹，并在骨质上形成切痕或缺损。锐器伤极可能伤及主动脉、心脏、大脑和脊髓，因此极易导致死亡。钝器伤则常伴随有撕裂创，创缘比锐器伤粗糙。钝器伤同样也会导致死亡。有时，火器伤也算作钝器伤的一种。❶

枪弹创与霰弹创的伤口形态差异较大。制式步枪和猎枪射出的高速子弹，比手枪射出的低速子弹造成的伤害更大。枪弹射入并射出身体所造成的创伤称为贯通创。有些枪弹只在身体上留下了射入口，但没有射出口，也就是弹头留在了骨头或者器官里。[4]对法医病理学家而言，检查这些伤口有助于推测射击距离和方向。枪弹创伤通常分为三种类型：接触枪弹创、中距离枪弹创和远距离枪弹创。❷接触枪弹创是指枪

❶ 国内法医学教材根据致伤物的性状将机械性损伤分为三类：锐器伤、钝器伤和火器伤。

❷ 除了“三分法”之外，还有一些学者提出了“五分法”，即接触枪弹创、半接触枪弹创、近距离枪弹创、中距离枪弹创、远距离枪弹创。

口紧贴体表射击后留下的创伤。此类创伤的射入口处常见熏黑痕迹和肿胀。肿胀是由枪口喷出的火焰和高温、高压气体所造成的撕裂性损伤。中距离枪弹创则会在皮肤上留下“火药颗粒斑纹”的特征，这是由未燃烧的以及未充分燃烧的火药颗粒分布在皮肤表面造成的。这种环形斑纹特征的直径与射击距离相关。也就是说，绝大多数武器只有在距离目标几米的距离发射才会产生这种斑纹。超过这个距离，火药颗粒在抵达目标之前便会掉落，因此就不会形成此种特征，比如远距离枪弹创中就不大可能见到这种斑纹。

毒品和乙醇，通常是造成死亡的辅助死因，而非直接死因。以吸毒为例，吸毒者常因吸食过量而昏睡，而一些毒品和乙醇还会导致运动协调性和身体机能发生变化。吸食者或中毒者若在这种状态下仍进行活动，便极有可能导致死亡。例如，醉驾或毒驾的司机常因汽车失控而死于车祸。能够直接导致死亡的毒品通常为抑制剂类，而乙醇中毒首先会导致人的昏睡和呼吸表浅，直至呼吸衰竭而死亡，这一过程本质上是呼吸中枢麻痹造成的缺氧而亡。许多情况下，乙醇中毒的人会发生呕吐，这会减少乙醇在胃中的停留和吸收。但如果短时间内饮入过量乙醇，则会抑制这种生理反射，进而导致死亡。

吸食毒品或饮入乙醇致人死亡的具体的量，在一定程度上取决于中毒者的吸毒史或饮酒史。对大多数毒品而言，耐受性水平会随着吸食者吸毒量的增加而升高。另外，协同作用也是影响因素之一。乙醇和巴比妥类药物都属于抑制剂，虽然它们的作用原理并不相同，但却会增强彼此的效果。所以，即使中毒者摄取这两种药物的剂量都不足以致命，但二者组合所产生的效果却足以导致人死亡。目前尚未有吸食大麻过量直接致死的记录，但却有不少吸食可卡因过量而导致死亡的案例。不同于抑制剂类毒品，可卡因属于兴奋剂，过量吸食会导致癫痫发作和心力衰竭，最终导致死亡。

一氧化碳是天然气、汽油等烃燃料不完全燃烧的产物，它是一种无色、无臭、无味的气体。侵入人体后，一氧化碳会附着在血液中携带氧气的血红蛋白上，形成碳氧血红蛋白。一氧化碳优先与血红蛋白结合的特点，降低了血液携带氧气的能力，因此中毒者的死亡原因是窒息。碳氧血红蛋白呈鲜红色，所以一氧化碳中毒者的血液通常呈樱桃红色。血液中碳氧血红蛋白浓度达到 20% 就足以致命，而因火灾导致一氧化碳中毒的人血液中碳氧血红蛋白的浓度可高达 90%。

电击死的形式非常多，取决于死者接触的电流类型和强度。小于 1 000 伏的中等电压交流电，虽然不会导致灼伤，但却足以引起心室纤维颤动，而使触电者在几分钟内死亡。在电压更高的情况下，电流扰乱了保持心律的神经冲动，这会直接导致心脏停止跳动。高电压则能在数秒内对人体造成严重的灼伤，并破坏体内的细胞物质。

为了正常工作，人体必须保持在 37℃左右的温度。如果人体的体温与此温度的偏差很大，那即使是几分钟，也会造成重大伤害或导致死亡。尽管因体温过高或体温过低而死亡的人身体上可能会出现可见的灼伤或冻伤，但它们可能不会出现体征。因此，确定死因的依据通常是发现尸体的环境。当人暴露于低温时，酒精会变得特别危险，因为它会扩张血管，增加热量的损失；另外，随着中毒程度的增加，人对热和冷的敏感度会下降，因此可能会意识不到自己处于危险的温度水平。

死亡时间

法医病理学家最重要的工作内容之一就是推断死后间隔时间，但现代的死亡时间测定方法还不能得出足够准确的数据，所以病理学家的意见只是提供一个时间范围，而非确切的时间。

对死亡时间的调查始于死亡现场，那里的温度和物理环境需要全面地记录下来。死者的衣物或其他覆盖物的数量同样很重要，也需要详细记录。出现场的病理学家通常会采取身体的中心温度[5]，以对尸冷[6]情况进行预估。同时，尸体的血液因重力原因而聚积于身体低下部位，产生一种有色斑痕，称为尸斑；而人死后身体各个肌群也会发生变化，形成一种僵硬状态，称为尸僵。如果死亡时间估计不超过 48 小时，在尸检之前观察到的以上这些现象都能够帮助法医病理学家推断死亡时间。如果死者已死亡数日或数周，甚至更久，那么这些现象则无法帮助法医进行推断。这时，就要用到其他方法了，如根据尸体的腐败程度以及尸体周围昆虫的活动来推断死亡时间。

通过尸冷、尸斑和尸僵推断死亡时间，有一整套较为完善的指导程序和方法。但这套方法的应用不能仅考虑尸体的情况，死者死亡时的温度和环境情况也必须纳入考量范围。温度及湿度的高低会影响尸体发生变化的速度。同时，尸体被“保护”的程度，如衣物的多少、室内还是室外、陆上还是水中等也要考虑在内。一个有效的法则是，人在死亡之后，尸体会随即开始冷却，在正常温度情况下，一个穿着正常的成年人死后的尸温大约每小时降低 1℃。因此，如果尸体从 37℃的正常体温冷却到 20℃，将需要十几个小时或将近一整天的时间。但尸体所处的环境温度会对其产生很大影响。如果尸体是在盛夏季节的沙漠地带被发现的，那么它的温度会不降反升，因为那里的温度极有可能超过 40℃。而如果处于天气寒冷的季节，则尸体有可能会以超过每小时 1℃的速度降温。另外，很多疾病会导致高烧，因此死者在死亡时的体温可能超过 37℃的正常体温，这会影响对死亡时间的推断。一般而言，如果死亡发生于尸体被发现的 12 小时内，法医病理学家就只需要通过尸冷情况来推断死亡时间。

一个人死亡后，关节和肌肉均呈松弛状态。2~5 个小时后，肌肉开始收缩，导致关节僵硬。整个尸僵的过程在死后的 12~24 个小时内完全形成。然后在接下来的 2~3 天内，尸僵逐渐缓解直至消失。尸僵发生和持续的时间与影响尸冷时间的因素也相关。也就是说，尸僵也受温度影响，温度高时，尸僵发生得早。另外，如果死者在死亡前不久进行过剧烈的体力活动，也会加速尸僵的形成。

人死亡后，血液便停止循环，并在重力的影响下聚集于身体的最低处。例如，如果死者死亡时躺在地上，血液就会向下沉积于死者背部，此时这个区域就会呈粉红色，并逐渐变成紫色，而上半部分则会变得苍白。在尸斑的形成过程中，如果有人或物体接触尸体，它的表面就会产生相应的印迹。这也就意味着，如果发现这样的印迹，就说明有人曾移动过尸体。尸斑痕迹还有可能因物体的局部压迫而没有形成血液积聚，如尸体仰卧于地面或其他硬物表面时，背部和臀部由于受到压迫，常呈现苍白色而不见尸斑。尸斑的产生非常快，通常在死后 30 分钟内即可见，而在几个小时后，尸斑就逐渐固定下来了。接着，形成尸斑的区域的组织液便渗入血管内，促使红细胞膜破裂，并逐渐向外渗入周围的组织中，从而导致尸斑颜色加深、范围扩大。随着死后变化的发展，尸斑的暗紫红色逐渐转为浅绿色和棕色。需要注意的是，在尸斑形成之初的几小时之内，它与瘀伤或挫伤比较容易混淆。

尸体中一些化学物质的水平也与死亡时间相关，如眼球玻璃体液中的钾离子浓度[7]和脑中各种毒品或药物的代谢物。此外，眼球玻璃体液的浑浊程度、心肌 pH 值（酸度或碱度）、肌肉超声波检查、骨骼肌的电活动[8]、创伤形态等也都能为推断死亡时间提供较大帮助。

多年来，对尸体胃内容物的检查一直是尸体解剖标准程序的重要一环。因为化学物质和未完全消化的药物可以作为确定死亡原因和死亡方式的重要证据。对胃内容物的分析也可以用来帮助推断死亡时间。通常胃的消化过程大约需要 2~4 个小时，如果死者在死亡时胃内有食物，则可大致推定该人约在不超过 2~4 小时前死亡。然而，死者死亡时的身体状况各不相同，决定消化时间的变量也较多[9]，故胃内容物只能作为参考的补强证据。此外，还有一些消化过程甚至发生在死亡和腐烂过程中，也需要特别注意。

在死亡发生后的一两天中，尸体内仍会发生一些变化，这些变化都有助于我们推断死亡时间。例如，尸体会开始腐烂，发生颜色变化，并且在腹部和臀部附近产生尸绿。尸绿的出现足以证明死者已经死亡至少 2~3 天。尸体在来自体外和肠道内的厌氧菌的作用下开始腐败，腐败会导致尸体产生大量气体，而气体又会导致尸体膨胀。如果一个人溺水而亡并沉入水底，这种导致尸体膨胀的气体会使其浮起。尸体的腐败程度取决于周围环境中的氧气情况。如果尸体始终完全浸没在水中或被掩埋，腐败的速度要慢很多，而高温则会加速尸体的腐败。当尸体在死亡后的几天或几周内被发现时，尸体上的昆虫在体表及体内的活动情况可以为推断死亡时间提供极有价值的信息。

法医昆虫学[1]

昆虫学是研究昆虫和相关节肢动物的科学。当这种科学应用于刑事或民事案件时，我们就称其为法医昆虫学。其实，法医昆虫学可以算作最古老的法庭科学之一。关于它的记载最早见于公元 13 世纪中国出版的一本书。该书记载了一起发生于稻田里的谋杀案。杀人凶器推测是某人的锄头或镰刀。后来，谋杀案的调查者通过被血迹吸引的丽蝇识别了凶器的主人。[2]

现在关于法医昆虫学的很多宣传报道，主要围绕它在破解刑事案件中的作用，但实际上，它在民事案件中也同样有着非常重要的应用。例如，城市昆虫学可以通过分析家庭、企业、花园及农场中的节肢动物，来了解人类环境的变化。而在不当使用杀虫剂的案例中，杀虫剂致使节肢动物死亡的情况，又可以为起诉滥用杀虫剂的人提供证据。另外，还有一些昆虫侵入食物或其他消费品，如软饮料、沙拉酱，甚至糖果等情况，此类诉讼都非常需要昆虫学家的专家证言。

[1] 国内教材及学术文章将其称为“法庭昆虫学”“犯罪昆虫学”等，但译者将其翻译为“法医昆虫学”，这样更容易理解，也更符合其表达内涵。

[2] 此处指宋慈的《洗冤集录》中的一段故事。《洗冤集录》又称《洗冤录》，是世界上第一部系统的法医学著作。

最典型的法医昆虫学应用于调查尸体，以及调查婴儿、老人受虐待或被忽视的程度。虽然法医昆虫学最有价值之处在于它对死亡时间的推断，但其实还有很多其他类型的信息也可以从对犯罪现场的节肢动物研究中获取。例如，被害人死亡时的气候和温度情况，尸体是否被移动、掩藏或掩埋、浸泡于水中，甚至体内是否有某种毒品或药物等，这些都可以借助法医昆虫学进行科学推断。特定类型的节肢动物的出现，往往能将犯罪嫌疑人与犯罪现场关联起来。

可以说，法医昆虫学最突出的贡献在于，它能够在死者死后若干天尸体才被发现的情况下，对死亡时间做出推断。尤其当死亡时间相对较长时，法医昆虫学的作用尤为明显。法医昆虫学家推断死亡时间的科学基础是，昆虫通常具有可预测的发育阶段和栖息地。同时，昆虫往往在人死亡后很短时间内，就会发现并进入尸体。在尸体上有或没有相关昆虫活动的痕迹，能够为死者的死亡情况提供重要线索，甚至还能分析出犯罪是否发生以及如何发生。

虽然法医昆虫学在凶杀案件中可以有很多领域的应用，但让人惊讶的是，这门科学却很少被使用。多数情况下，昆虫几乎不会被作为证据而受到人们的关注，它们反倒成为一些犯罪现场调查人员和进行尸检的法医们苦不堪言的滋扰。大多数在犯罪现场收集证据的调查员很少能正确识别节肢动物，以及认识到节肢动物的出现对尸体调查的重要意义。他们缺乏必要的培训，意识不到这些现象作为证据的重要性，也没有人向他们传授将昆虫收集为证据的具体方法。

通常，犯罪现场的调查人员会被告知，这种证据不可靠，因为昆虫学家只能提供死亡时间的大概节点，而不能告知准确的时间。但他们忘记了，没有哪种方法能够推断出十分具体的死亡时间。另外，在这个世界上，仅有寥寥数人可以称得上是法医昆虫学家。如果未经培训的昆虫学家被派往犯罪现场，他们可能要么犯错，要么操作不当，甚至会破坏现场证据，这只能进一步导致人们不重视这门科学。

昆虫的演替和节肢动物的生命周期

法医昆虫学推断死亡时间的方法是，观察在特定时间内，出现在尸体体表或体内的节肢动物的种类及其生殖发育的阶段。不同环境情况下，不同的节肢动物在不同阶段会侵入尸体中产卵，或者以其他昆虫在尸体上产的卵或幼虫为食。[10]法医昆虫学家必须对各种节肢动物的生命周期有非常全面而深入的了解。同时，他们还要对昆虫侵入尸体的时间间隔有所判断。这个时间间隔通常取决于尸体的状况以及尸体周围的环境变化。尸体周围最常见的丽蝇是典型的范例：如果尸体被弃于户外，丽蝇很快就会到达，有时甚至在被害人死亡后几分钟内就能见到这种苍蝇。随后它们会在尸体的自然潮湿部位，如嘴、眼和鼻等，以及开放性伤口周围产卵。一只雌性苍蝇在短时间内能产下数百颗卵。

苍蝇通常在白天产卵，所以如果被害人在夜间死亡，苍蝇前往产卵的时间会推迟。如果尸体处于室内或被掩埋于浅土之下，则苍蝇需要更多时间才能发现尸体。苍蝇的幼虫经历三个发育阶段，称为龄期。在每一个龄期阶段，幼虫（蛆虫）的体积都会急剧增加。当幼虫到达三龄期时，尸体的大部分都已被侵食。在相对干燥的条件下，蝇卵在产下 8 小时后，蜕皮变为一龄期幼虫；约 12 小时后，蜕皮变为二龄期幼虫；约 20 小时后，蜕皮变为三龄期幼虫。大约 5 天后，幼虫停止进食。再过几天，幼虫就变为蛹。从成虫产卵到化蛹，再到成虫从蛹壳中羽化出来，整个过程大概需要 3 周的时间。图 6-1 展示了丽蝇的幼虫。图 6-2 则展示了不同蝇类的蛹。

图 6-1 侵食肉体的丽蝇幼虫（蛆虫）

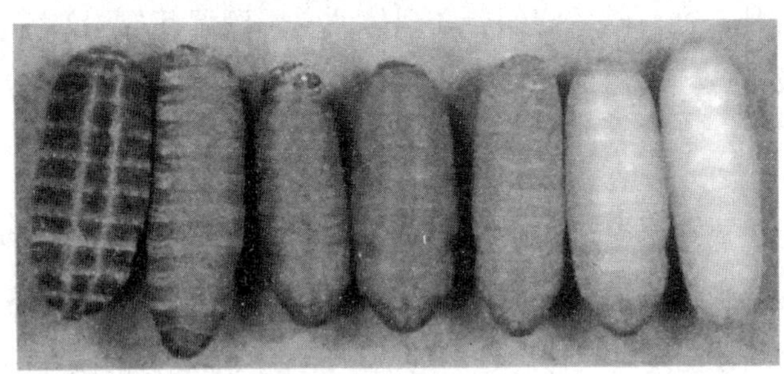

图 6-2 不同蝇类的蛹

尸体腐败的阶段

当人死亡后，体内器官和组织的腐败几乎立即开始。但由于温度和湿度条件等因素的作用，尸体在几小时内可能从外表上看不出明显迹象。虽然尸体腐败的主要原因是体内外的细菌活动，但节肢动物能显著加快这一过程。目前，法医昆虫学家已经认识到节肢动物在尸体腐败过程中扮演以下四种角色：

◎ 食尸性昆虫：包括以尸体器官和组织为食的昆虫，其中许多是蝇类。昆虫学家通过研究尸体上这类昆虫的生命周期来推断死亡时间。

◎ 杂食性昆虫：包括胡蜂和甲虫等节肢动物。它们不但以尸体为食，而且还以尸体吸引来的其他昆虫为食。有趣的是，如果杂食类昆虫大量出现，它们会以食尸类昆虫为食，反而会延缓尸体的腐败。

◎ 食尸性昆虫的捕食者或寄生者：包括一些蝇类或螨类，主要是对食尸性昆虫进行捕食或寄生的昆虫。其中一些前期为食尸性昆虫，后期则变成捕食者，以其他昆虫为食。

◎ 偶发种类：包括一些蜘蛛、蜈蚣、螨虫等暂时将尸体作为栖息地的昆虫。

有很多变量会影响尸体腐败的时间，其中最主要的决定因素是温度。温度较高的环境会加速尸体腐败，温度相对较低的环境则会延缓尸体腐败。例如，在寒凉的季节，尸体通常需要 18~20 个小时才会达到一定的腐败程度；而在炎热的季节，这个过程可能只需要几个小时。另一个影响尸体腐败的因素是衣着和覆盖物。衣物会延缓尸体的腐败。同样的道理，经掩埋或浸入水中的尸体，腐败速度也相对较为缓慢。此外，还有一个影响尸体腐败的因素是湿度。在干燥的环境中，尸体腐败会相对缓慢许多。

法医昆虫学家在利用节肢动物的生命周期来推断死亡时间时，必须考虑到以上几个变量。然而，即使存在上述变量，尸体腐败的过程和时间仍有规律和特征可循。虽然尸体所处环境和区域的节肢动物影响了尸体腐败各个阶段发生的时间，但尸体腐败的各个阶段总会按照一定次序发生。法医昆虫学家根据昆虫的活动将尸体腐败过程分为五个阶段。其中前三个阶段构成一个时期，即节肢动物以尸体为食，并在短时间内急剧增加其生物量的时期。这一时期，蝇类幼虫是尸体内外的主要节肢动物，在正常环境条件下，大约持续 10 天。以下列出这一时期的三个发展阶段、持续时间，以及各阶段尸体残骸内外常见的昆虫：

◎ 新鲜期（约 1~2 天）：丽蝇成虫、食肉蝇或麻蝇、小黄蜂。

◎ 肿胀期（约 2~6 天）：丽蝇及其他蝇类、一些甲虫、小黄蜂。

◎ 腐败期（约 5~11 天）：一些蝇类及甲虫、蟑螂。

当这一时期完成后，大部分腐败液体渗出，蛆虫也已经离开尸体。此时尸体周围的生物量急剧下降，尸体腐败的第二个时期随即开始。

这一时期的尸体腐败又分为两个阶段，通常经历两周或更久。这两个阶段及常见昆虫包括：

◎ 后腐败期（约 10~24 天）：一些甲虫类、果蝇、蚋虫、其他蝇类。

◎ 残骸期（约 24 天或更久）：一些甲虫类、蚁类、蝇类。

法证昆虫的调查和证据收集

目前，仅有为数不多的犯罪现场调查组拥有经过培训的专门技术人员，他们能够识别、收集和保存尸体内外的昆虫证据。但大多数此类调查仍由法庭昆虫学家进行。他们受过培训，并有充足的知识确保正确收集证据，同时进行环境观察，并在后期对分析数据做出正确的推断。在尸体现场，法医昆虫学家的主要工作是随时从尸体内外及周围环境中分类收集能够作为证据的节肢动物。这些昆虫可能时不时地进出尸体或在周围上下钻出，所以昆虫学家自尸体被发现时，就必须仔细观察记录温度情况以及尸体的变化，同时还要尽可能判断出尸体所处的生态状况。

在推断死亡原因方面，节肢动物也能做出重要贡献，它们能够确定创伤的具体位置。蝇类会将它们的卵产在尸体的创口，尤其是那些有可见血液的创伤，如刀伤或枪伤等。但是，尸体上的昆虫活动有时也会造成假象。例如，昆虫对尸体的取食能够扩大或扭曲伤口，它们（尤其是蝇类）的活动也可能会造成飞溅血痕的假象，但事实上那只是由昆虫或其幼虫在活动时将血痕带至别处造成的。

在毒理学方面，节肢动物同样也有非常宝贵的贡献，它们可以帮助确定死亡原因。即使一具尸体已经腐败到残骸期，只剩下皮肤和骨骼，甚至已经白骨化，也依然能够确定死者是否因中毒或滥用毒品及药物而死亡。

一些毒物、药物或毒品会聚集在毛发之中。如果尸体残留有足够的毛发，就可进行毛发的毒物实验。如果现场毛发稀少，则有可能是节肢动物已经吞食了部分毛发。这时可考虑对昆虫尸体进行质谱分析。密歇根州立大学昆虫学系主任兼认证法医昆虫学家理查德·梅里特博士（Dr. Richard Merritt）曾向我讲述了一个在尸体上发现巨型蛆虫的案例。在该案中，尸体上的巨型蛆虫干扰了昆虫学家推断死亡时间的准确性，实际死亡时间事实上短于专家的推断。昆虫专家原以为蛆虫身材巨大是进食时间久的缘故，但实际上是因为死者过量吸食了可卡因，蛆虫在分解尸体时消化了部分可卡因。可卡因的兴奋剂作用加速了蛆虫的新陈代谢，导致它们疯长，因而大小明显异于常态。这个案例不仅说明了节肢动物从尸体中摄取毒品及毒物的能力，还说明了解昆虫的这种特性对我们而言有多么重要。

法医人类学

简而言之，人类学就是对人类的研究，包括人类的文化和生物特征。虽然将后者称为“生物人类学”可能更为准确，但人们更习惯将其称为“人体人类学”。法医人类学是人体人类学的一个特殊领域，它主要与骨学以及涉及刑事案件中骨骼识别的应用紧密相关。法医人类学家主要与骸骨打交道，通过研究骨骼情况来推断死者的身份。他们常与法医病理学家及法医昆虫学家合作，参考各方结论以推断死者的死亡原因、死亡方式以及死亡时间。骨骼识别的科学原理是，每个人的骨骼总是在一些部位或以一些方式具有独一无二的特征。由于基因、成长过程、使用习惯、损伤或创伤等因素，绝大多数骨骼都具有鲜明的个体特征。一位法医人类学家能够在一堆骸骨中识别出这些特征，并将它们与死者的生前证据进行比对。如果未知骸骨具有充足的个体特征，同时这些特征也能与某人完全吻合，那么基本就能通过对这些特征的识别断定死者身份、死亡原因和死亡方式。

法医人类学家的主要工作不仅是识别骸骨，还要在发现骸骨后负责收集。他们前往现场后，要像考古发掘文物那样，小心翼翼地收集骸骨。收集骸骨的程序对成功识别尸体身份来说非常重要，并且整个过程至少由两人完成。其中负责监督工作的通常是一位经验丰富的法医人类学家。近年来，除了识别骸骨，法医人类学家的工作又有了新的拓展。在类似于“9·11”恐怖袭击时世贸大厦倒塌、飞机坠毁等突发巨大灾难中，法医人类学家经常要前往现场帮助寻找和恢复遗体。

一些法医人类学家能够通过颅骨复原死者的面貌，这样或许可以使人通过面貌辨认死者身份。还有一些情况，法庭人类学家能够通过计算机和数码相机的处理，将面部特征与颅骨进行颅像重合显示，以推断死者身份。法医人类学家还能够帮助警方在人群中对犯罪嫌疑人进行面部或体态识别，甚至还能分析个人的活动姿态特征，从而实现识别具体个人的目的。

人类骨骼

如前所述，法医人类学家的工作重点就是人类的骨骼。骨骼可视为人体的一个器官，它的各部分不断生长且发挥着重要的作用。它们随着人体的发育和经历的时间而不断发生变化，有时甚至会不断进行自我修复。骨骼为人体器官和组织提供重要支持，同时也保护柔嫩的软组织。例如，胸廓能够保护心肺。骨骼是一种复杂的多层“物质”，它的最外层坚硬而光滑，称为密质骨。而长骨中有一种质轻、富有弹性的内层，称为骨小梁，它可以增加骨强度而不增加重量。长骨中心的髓腔含有骨髓，主要功能是制造红细胞。

在许多法医人类学案例中，仅有骨片可以寻获，上段我们提到的骨骼结构要么数量不足，要么质量不足，不能够进行识别。在这种情况下，我们就必须考虑从骨骼的微观结构入手，进行检验识别。

骨骼识别

对骸骨进行识别的最终目的是确认骨骼身份。为了能够准确识别，法医人类学家必须发现骨骼的一些个体特征，如生前伤及骨骼的损伤或创伤、骨骼中不同寻常的形状或特征等。虽然绝对识别通常不那么容易，但法医人类学家可以采用类别特征或一般特征识别来确定死者的年龄、性别、种族、身型、死亡原因及其他情况。

在识别的过程中，法医人类学家能够为骸骨整理出一套“生物学信息概要”。在结合这套档案与个人特征进行推断之前，他们经常会根据骨骼检材进行三个基本问题的讨论：第一，检材是否为骨骼；第二，如果是，是否为人骨；第三，骨龄是否对法庭科学鉴定提供有价值的信息。

如果发现有完整或大块的骨头，进行检验识别就非常容易。根据骨骼的大小和状况，比较其特征与各种动物种群的特征，可以宏观地确定骨骼所属的物种。不过，即使是这类骨骼的识别，有时也会比较棘手。因为猪、羊、熊的部分骨头可能与人体骨骼十分相似。如果骨骼上附着有组织或毛发，也可以通过分析它们来进一步确定骨骼的种属。

如果只发现了骨骼残片，或者骨骼已被焚烧、漂白、破坏，这时则需要对其进行显微分析。这类疑似骨骼的检材需要根据观察检验哈佛管❶来证明其是否属于骨骼。虽然一时无法确定确切的物种，但通过它可以确定能否排除人类骨骼。丛状骨是人类所没有的骨骼，主要见于动物。[11] 动物丛状骨中的哈佛管呈几何形状紧密排列，其间很少或没有其他骨骼。在人类骨骼中，哈佛管则大多均匀分布，并且之间有骨骼。不过即使发现了这些特征标记，也不一定就能完全确定骨骼残片属于人类。

虽然现在没有绝对确定的方法确定骨骼的年龄，但骨骼给我们提供的其他信息可以称得上是非常有价值的线索。确定骨骼年龄必须从实际出发，如果骨骼碎片的骨龄确定已超过 50 年，那么其作为法医学的证据价值就值得怀疑了。试想，如果一个人被谋杀后，尸体被掩埋，

❶ 哈佛管是密质骨中具有典型特征的环形管道，主要由血管和神经细胞构成。

直至50年后才被发现，这时杀人凶手要么已经死亡，要么已经到了耄耋之年，远超过了法律对其施加惩治的正常年龄。[12]这意味着，当考虑骨骼检验与识别的法律意义时，只要有关于骨骼年龄的可靠知识，就必须加以应用，做到全面考察。

一旦完成对骨骼的种属鉴定，确定为人骨，同时确定日期较近之后，就可以对其进行个体识别了。首先，需要确定骨骼的类别特征，并将其当作尸体生物学信息概要的一部分。其次，如果可能的话，通过识别鲜明的个体特征就能实现完全的个体识别。类别特征能够帮助法医人类学家对骨骼的所有特点进行细分，如“男性”“种族”等，其他的特点如身材、社会经济地位及死亡时间也可以逐一进行确证。由于根据骨骼特点的分组可能还有其他变量，因此有必要将获取的相关数据与数据库或者某具体分组的特征汇集起来进行比对，这样才可确定这些变量的变化范围。

虽然骨骼会随着人体一生中的种种活动产生相应的变化，如衰老、疾病、创伤等，但骨骼的生长也有较为确定的时间间隔。一个人成年后，骨骼除了自我修复和应对衰老产生相应的变化，基本上不再生长，因此，在推断死亡年龄的计算方法上，骨骼停止生长的成年人与骨骼正在生长的青少年略有不同。最可靠的推断方法之一便是根据牙齿的形成以及牙齿从牙床萌出的情况进行推测。在大多数案例中，根据乳牙生长和萌出的情况以及恒牙的生长情况进行推断是比较准确的方法。有科学家已经做出了一系列表格，对不同人群乳牙和恒牙的生长情况进行了描述。此外，还有男性与女性在牙齿发育方面显著差异的对比表格，也都非常有参考价值。

人们通常认为，男性体形明显大于女性，因此男性骨骼一定就比女性的大。但在有些案例中，男性骨骼与女性骨骼的差异并没有人们想象的那样明显。因此，单靠骨骼大小还不足以判断尸骨的性别，需要仔细观察骨骼的局部再进行判断。但事实上，这些局部特征要直到青春期后，才会显示出非常明显的性别差异，所以确定年龄小于 18 岁的骨骼的性别可能会是一件非常棘手的事情。区分尸骨性别最常检查的部位是头骨和骨盆。男性与女性的骨盆有着功能性的差异：在胎儿发育和分娩的过程中，女性的骨盆必须起到支撑作用，因此，虽然男性骨盆通常比女性的大，但女性的骨盆明显更宽。骨盆上最具有显著性别特征的部位是坐骨切迹，女性的这个部位较宽，角度约为 60°，男性的这个部位角度则小得多。这是确定骸骨性别非常可靠的测试之一。在缺少耻骨[1]的情况下，头骨的某些具体特征是识别骸骨性别的理想参考。男性颅骨与女性颅骨有数个各具明显特征的区域，如眉骨、乳突等。

通过骨骼确定一个人的种族或祖先可能比较困难。骨骼并没有太多表明种族特点的鲜明特征。当然，时至今日，世界上早已没有所谓“纯粹”的种族或族群，而且事实上，可能从来就不曾有过这个概念。对于一个人的种族是什么，以及人们如何自我定义种族也有多种不同的观点。美国商务部在 10 年一次的人口普查中使用了传统的种族

[1] 耻骨是位于骨盆前方的两片骨头，中间有空隙而非紧靠在一起，两片骨头间靠韧带及纤维软骨组织连接起来，这个区域就叫耻骨联合。

定义方案，将人口分为高加索人[1]、黑人、亚洲人、印第安人、西班牙裔及其他人。在所有骨骼中，颅骨被认为是推断种族的最可靠的部位。科学家可以通过总体形态检验或形态特征的数学分析对颅骨进行测量。不少颅骨特征具有种族区分性，如眼眶形态（圆形、三角形、长方形等）、鼻骨形态、腭骨形态及颌骨形态等。另外，股骨，即大腿的长骨也呈现出种族特征，特别是在曲率方面，黑人股骨大多相对较直，印第安人股骨相对较弯曲，高加索人则居中。

自 20 世纪初以来，人们就不断尝试各种测量身材的方法。时至今日，普遍通行的方法是测量人体的长骨，或者测量长骨较大的残片。长骨包括肱骨、手臂的桡骨和尺骨、股骨，以及腿部的胫骨和腓骨。这些骨骼的长度与个体的身材之间存在线性关系。当推断尸体身材时，测量的骨骼越长、越多，效果就越好。

以上我们讨论的关于骨骼的种种特征都是人或尸体的生物学信息概要的一部分。虽然通常来讲，这些特征都属于类别信息，但显而易见，它们对我们将部分骸骨及颅骨识别为某个具体的人帮助极大。不过，要想真正实现个体识别，仍需要对骨骼的独特特征与已知来源的样本进行比对。大多数人在生活中会受伤，如果出现骨折的现象，骨头上就会显示出它愈合的迹象，而这些迹象将终生保持不变。对尸体骨

[1] 高加索人种又称白色人种、欧罗巴人种，是世界上人数最多、分布最广的人种，占世界人口的 54% 左右。“白种人”一词是人们过去对这一人种按显而易见的肤色做出的主观而不科学的称呼，实际上白种人不仅包含传统欧洲人，也包含肤色较黑但其他体质特征与传统欧洲人类似的南亚人，而且传统欧洲人内部，地中海地区的南欧人和其他环地中海地区的西亚人、北非人也比北部的欧洲人肤色深。

骼进行 X 光拍片，再与其生前的 X 光片进行比对，这样就具备个体识别的推断基础了。在一个人没有任何伤及骨骼的创伤的情况下，骨骼仍然能够呈现出一定的个体变化特征，通过 X 光片帮助我们进行个体识别。

在颅骨的各个部分中，也有一些部位具有较为鲜明的特征，如额窦以及动脉和静脉进入和离开头骨的部位。这些部位的特征也能够用于个体识别。同样地，如果这些骨骼用于个体识别，则需要对尸体的生前及死后相同部位的 X 光片进行比对。另外，还要将同一性别及种族的其他人的相同部位的 X 光片与检材进行比对，以确保这些特征具备充足的个体显著差异。如果颅骨的全部或大部能够收集获取，那我们就至少有两种方法可以进行个体识别。最可靠的方法之一是进行颅像重合，将颅骨与失踪嫌疑人的照片进行重合比对。另一种较新的比对方法是使用相机将颅骨与失踪嫌疑人的照片进行重合比对。照相技术有非常多的优点，对图像可以进行多重处理，包括颜色渐变及各种尺寸和角度的调整。现在有了计算机技术的帮助，颅像重合技术变得更加科学、便利。

除了颅像重合之外，颅骨的个体识别还有另一个办法——面部复原。当犯罪现场发现有颅骨，却没有更多线索寻找尸源时，这项技术就能派上用场。借助三维技术，我们能够对颅骨表面及面部的软组织进行重建。以种族和性别为区分基础[1]，颅骨和面部各个部位的组织厚度等信息可以做出汇编集。人类学家以这些数据信息为依据，使用钉

[1] 通常正确地使用复原技术需要提前知晓颅骨的种族和性别。

子和黏土来对面部进行复原。这时科学家可能还需要一些想象力和猜测来塑造出嘴唇、鼻子、眉毛等，有时还会用上假眼和假发以配合复原。面部复原后的照片会分发给新闻栏目和广播媒体，希望失踪者的家人能够认出它。现在，这些物理重建技术已经越来越多地被计算机程序和可视化软件所取代。

犯罪现场的绝大部分物证都是由犯罪现场技术人员或调查人员发现和收集的。但是，尸骨要另当别论。大多数情况下，尸骨是由远足者、猎人或其他人在树木繁茂地带、偏远地区、湖泊或小溪附近发现的。由于发现尸骨的这些场景既无边界又可能不安全，因此保护它们非常重要，警方应尽可能封锁和保护现场。在户外寻找和收集骨骼证据的工作必须交给经过培训的、专业的人类学家。他们能够识别和收集这些位于地上或地下的、可能作为证据的材料。如果尸骨仍有腐肉存在，是通过蝇类或其他节肢动物引起注意的，搜索则可能还要动用接受过专门训练的警犬进行协助。如果有证据表明尸体浅埋于地下，则可能需要动用军用飞机，使用探地雷达来帮助定位尸体。

在户外犯罪现场收集骨骼证据有点像考古挖掘。在进行任何搜索之前，整个现场都需要仔细拍照、定位并标记现场的周长。根据现场的大小，可以将其划分为象限来进行有组织的搜索。

法医牙科学

西奥多·邦迪（Theodore Bundy）是美国历史上最令人发指、最臭名昭著的连环杀手之一，他因涉嫌杀害美国西部及佛罗里达州 40 多名年轻女性而震惊全美。他被捕后，在科罗拉多州监狱短暂关押过一段时间，但后来又越狱并前往佛罗里达州继续行凶作案。在几周内，邦迪在塔拉哈西[1]地区袭击了至少5名女性。在众多被害人中，莉萨·利维（Lisa Levy）与室友玛莎·鲍曼（Martha Bowman）于1978年1月15日遇害。在犯罪现场，邦迪擦抹掉了指纹，并在离开时拿走了凶器——一根木棍。虽然犯罪现场可以找到微量血迹、部分被擦抹过的指纹痕迹和些许精斑痕迹，但这些都无法与邦迪完全匹配。犯罪现场调查员检查了利维的尸体，发现了两处咬痕，一处位于乳房，另一处位于左臀部。出于测量的目的，调查员在现场拍摄了那处明显的臀部咬痕，并辅之以一把尺子。在案件开始审理时，由于含有咬痕的组织样本已经丢失，在得到法院许可令后，科学家从邦迪处重新获取了他的咬痕。

佛罗里达州的牙医师理查德·苏维龙博士（Dr. Richard Souviron）拍摄了邦迪的齿列详细照片。在邦迪受审过程中，苏维龙博士向陪审团展示了邦迪的牙齿照片和利维身体上的咬痕比对。苏维龙博士的专家证言得到了纽约州法医牙科学家洛厄尔·莱文博士（Dr. Lowell Levine）的支持。莱文博士就职于纽约市法医办公室，是一位资深的法医牙科学家。根据咬痕证据和证人证言，陪审团判定邦迪谋杀了莉萨·利维。之后，邦迪被判处死刑。

法医牙科学属于法医学的一部分，它负责检查包括牙齿、口腔和颌骨等在内的牙齿证据，并为法庭提供专家证据。法医牙科学主要对

[1] 塔拉哈西（Tallahassee）是美国佛罗里达州州府。

犯罪及大规模灾难中的人类遗骸进行识别鉴定，推断被害人或受害者的年龄，分析死者身上以及食品或其他物质（包括木材和皮革等）表面发现的咬痕，勘验疑似失踪嫌疑人的齿列和脸部等。

牙齿的结构与生长

在人体解剖学中，牙齿是最有特点的器官。从木头到肉体，很多材料上都可以留下牙齿的痕迹。这些咬痕在某些情况下可以成为识别个体的特征。当一个人死亡并被埋葬之后，牙齿也是人体中“存活”时间最久的器官。即使尸体的软组织早已腐败，我们仍然能够通过牙齿对个体进行识别。

牙齿与人生活的环境直接发生相互作用，牙齿状况能反映出我们各自不同的生活方式与个人经历。牙医师们通常用一套编码图表对牙齿进行描述，每次我们看牙医时，他们都会根据数字对我们牙齿的状况和治疗进行说明。当在犯罪现场发现颅骨后，这个图表对我们识别牙齿有很大帮助。

牙齿由三部分组成：牙冠、牙颈和牙根。牙齿最外面一层的物质是牙釉质，这是人体中最坚硬的物质。人的一生会生长出两套牙齿，第一套是“婴儿牙齿”，我们称其为乳牙，第二套则是恒牙。不同的牙齿会以不同的速度生长，牙医师可以通过各种牙齿的发育情况来推断出人的年龄。例如，第一颗乳切牙大约在婴儿 9 个月大的时候就从牙龈中萌生了，而第一颗恒牙则是 6 岁左右萌生的磨牙，我们的第三颗磨牙，也就是所谓的“智齿”，则大约在 15~21 岁时萌生。

对牙齿的识别

虽然法庭科学家通常有充足的证据来识别一具尸体，但偶尔也有只能通过齿列来进行确证识别的情况。无论是焚烧、沉溺、火灾、爆炸、腐烂等哪一种情况，只要能够在现场找到牙齿，对其进行检查就会有所收获。所有的颌骨和齿列都具有各自的显著特征，经过专门培训的法医牙科学家都能发现这些特征并用于个体的确证识别。通常，科学家们会绘制死者的牙齿情况，并将其与涉案相关人员的牙齿情况进行比对。对比一个人生前和死后的牙齿 X 光片就能得出确定的结论。即使一个人没有牙齿，X 光片也能显示足够多的信息，科学家可以从中分析出假牙以及颅骨与颌骨结构等相关信息和情况。近年来有许多关于齿痕的案例，袭击者留在被害人身体上的齿痕可用来与犯罪嫌疑人的齿痕进行比对。但这还是一个有争议的分析领域，目前的研究还不足以消除单凭齿痕分析是否足以进行个体识别的争论。

我们在这一章讨论的法医病理学、法医昆虫学、法医人类学、法医牙科学是法庭科学中关于对死者进行个体识别、推断死亡时间以及分析围绕死亡事件的其他有价值信息的四个重要领域。它们之间彼此相互关联，在很多案例中，法医病理学家、法医人类学家、法医昆虫学家以及法医牙科学家一起工作，相互配合，以确定死者的死亡原因和死亡方式。这种团队合作的方式在“9·11”恐怖袭击和欧洲恐怖主义爆炸事件等大规模突发灾难中一次又一次地显示出它的价值。在下一章，我们将一起讨论法医生物学的另一个领域，它主要聚焦于血液、体液及组织的分析和 DNA 分型技术。虽然 DNA 分型技术仅仅面世十余年，但它已经彻底改变了刑事调查和法庭科学的方方面面。

要点总结

1. 导致暴力性死亡的原因可以分为四类：机械、热、电及化学。有些死亡的类型可能同时属于两类或更多类。

2. 对死亡时间的调查始于死亡现场，那里的温度和物理环境需要全面地记录下来。死者的衣物或其他覆盖物的数量同样很重要，也需要详细记录。

3. 法医昆虫学最突出的贡献在于，它能够在死者死后若干天尸体才被发现的情况下，对死亡时间做出推断。

4. 对骸骨进行识别的最终目的是确认骨骼身份。法医人类学家可以采用类别特征或一般特征识别来确定死者的年龄、性别、种族、身型、死亡原因及其他情况。

信息延伸

1. 死亡时间在法医学上是指死后经历时间，或称死后间隔时间，即发现、检查尸体时距死亡发生时的时间间隔。死亡时间推断即推测死亡至尸体解剖时经历或间隔的时间，也就是指推测检查尸体时距死亡已有多久。参见王保捷．法医学(第5版).北京：人民卫生出版社，2008。

2. 抵抗伤，也称作防卫伤，指的是被害人为防御加害人的打击，本能地运用肢体或非常重要的生理部位进行抵挡，而形成的一种损伤。这种损伤常是严重的砍伤、切创和粉碎性骨折，也可以形成挫裂创或皮下出血。参见高福德．抵抗伤在命案中的意义．东北林业大学学报，1990，(1): 12–13。

3. 非自然死亡又称暴力性死亡，是在法医学实践中遇见最多的一类死亡，也称非正常死亡，是由某一种或几种外来的作用因素导致的死亡。参见王保捷．法医学(第5版).北京：人民卫生出版社，2008。

4. 能量较低的弹头击中人体，受到组织的阻抗，只形成入口和射创管而没有出口的枪弹创，称为盲管枪弹创。该种枪弹创弹头留于体内，有时弹头会发生迷走，检验时要注意发现和提取弹头。参见单大国．刑事科学技术．北京：高等教育出版社，2016。

5. 法医实践中常用的是肛门测量法。一般情况下，在春秋季节，室内的尸体经过3~4个小时后，手、颜面等裸露部位的尸温与环境趋于一致，24 小时后，直肠尸温与环境温度大致平衡。参见王保捷．法医学（第三版）. 北京：人民卫生出版社，2002。

6. 尸冷指人死后，因呼吸和新陈代谢停止，体内不再产生热量，尸体原有热量不断散发，使尸温逐渐下降至环境温度，或低于环境温度。由于尸体内的热能要先传到体表，继而经对流、辐射和传导而逐渐散发，故尸温下降的速度受尸体本身、外部环境因素的影响较大。参见官大威．法医学辞典．北京：化学工业出版社，2009。

7. 随着死亡时间的延长，尸体眼球玻璃体液中钾离子浓度逐渐升高，呈线性相关。参见李艳红，郑剑，胡金花，刘珊，许小明．尸体眼玻璃体液钾、钡离子浓度与死亡时间的关系．南昌大学学报（医学版），2016，(2): 13–15, 32。

8. 根据现今的观点，死后肌肉电兴奋与收缩的主要基础可归结为收缩的强度和刺激电流的传播。因此用骨骼肌电兴奋性推断死亡时间的主要方式有两种：一是根据肌肉的收缩强度；二是根据刺激电流阈值的变化。参见伍新尧．高级法医学．郑州：郑州大学出版社，2001。

9. 食物在胃肠内的消化和排空，受许多因素的影响，包括食物的种类和性状、进食的量、胃肠功能状态和健康状况、个人的精神状态、药物和饮酒等。参见王保捷．法医学（第三版）. 北京：人民卫生出版社，2002。

10. 曾有国外学者对 35 例室内外发现的人尸上的昆虫种类进行了研

究，共发现 3 目 12 科 22 种昆虫，其中 2 目 5 科 10 种昆虫出现于室内尸体上，3 目 11 科 17 种昆虫出现于室外尸体上，5 种昆虫可同时出现于室内和室外尸体上。昆虫在尸体上的出现极富规律，有一定的先后次序，与尸体的特定腐败阶段相关联。参见伍新尧 . 高级法医学 . 郑州：郑州大学出版社，2001。

11. 用骨骼残骸鉴别种属，需要借助骨组织学特征进行。国外有研究认为，丛状骨、骨单位带是鉴定人骨与非人骨的重要指标。丛状骨又称层性骨或者平行纤维骨，多存在于大型哺乳动物的密质骨中，中间均匀分布着骨陷窝、骨小管和血管系统。许多哺乳动物的密质骨中广泛存在丛状骨，并水平排列成规则的长方形结构，但这种骨结构在人类中几乎不存在，因此可以作为人骨与非人骨的一项重要鉴别依据。参见郑晶，陆惠玲，王鼎钊，杜军军，莫传莹 . 丛状骨和骨单位带的种属特征及法医学应用价值 . 中国法医学杂志，2004，(6): 352–354。

12.《中华人民共和国刑法》第十七条之一规定，已满 75 周岁的人故意犯罪的，可以从轻或者减轻处罚；过失犯罪的，应当从轻或者减轻处罚。对达到一定年龄的老年人犯罪从宽处理是许多国家和地区的普遍做法，但是一些国家和地区在对老年人犯罪从宽处罚的具体年龄标准上规定不一。如有的国家规定，年满 70 岁的人犯罪，免除处罚（菲律宾）；有的国家、地区在刑法总则中将老年人犯罪作为从轻处罚（越南、巴西、墨西哥）、减轻处罚（越南、墨西哥、我国台湾地区）的法定情节和免除死刑的理由（菲律宾、苏丹、俄罗斯、哈萨克斯坦、蒙古、墨西哥、中国台湾地区）。参见袁彬．论老年人犯罪从宽暨免死的年龄标准与立法模式——以《刑法修正案八》为视角．西北大学学报（哲学社会科学版），2012，(2): 71–75。

7 法医生物学：血痕及其他体液分析

FORENSIC

A BEGINNER'S GUIDE

SCIENCE

常见的用来显现血痕的试剂有哪些？

犯罪现场的血痕有哪些类别？

为什么说 DNA 研究引发了法医生物学的一场革命？

与对血液中其他物质的检测相比，DNA 分型技术有哪些优势？

线粒体 DNA 与核 DNA 有何不同？

正如我们在第 6 章所谈到的，法医生物学的四个主要领域包括法医病理学、法医人类学、法医昆虫学和法医牙科学。法医生物学的另一个重要领域是对生物性体液进行检验，并将其以证据形式呈现出来。对这些物质的检验分析可与犯罪嫌疑人或死者建立起关联。作为一种特殊的生物性物质，DNA（脱氧核糖核酸）检验分析通常被认为是法医生物学的独立领域。但实际上，DNA 作为生物性体液中的证据检材，可归类在法医血清学部分。在本章中，我们仍将使用传统分类方式，将 DNA 检验分析区别对待。血液痕迹是本章的主要内容，我们将讨论痕迹的形态及空间分析。通过判断血痕的形成模式，我们可以确定血痕的产生和运行过程以及痕迹类型。

法医血清学

通常，法医血清学涉及多个不同领域的分析。但它首要的，也是最重要的目的在于检验斑痕或检材是否为生物性体液，即“预试验”

和“确证试验”。若答案确定，则需要进一步判断体液的类型，也就是种属鉴定。由于血液等体液中所含的物质因人而异，故我们能通过检材试验识别出可能的犯罪嫌疑人或受害者。当然，除了细胞的DNA分析鉴定外，仅凭这些特点的差异性，法医血清学的分析还无法帮助我们实现个体识别。

血液

因为血液是犯罪现场最常见的体液，所以几乎所有休液分析都会涉及血痕分析。血液可理解为悬浮于水溶液中的微小固体物质。血液中的液体部分是血浆，约占血液总量的55%。在血浆中溶解的物质包括蛋白质、碳水化合物、脂肪、盐和矿物质，以及抗体，此外还有负责凝血的物质。血液中的悬浮物约占血液总量的45%，包括红细胞、白细胞和血小板。红细胞形成于骨髓，主要负责向细胞运输氧气和送出二氧化碳。它们没有细胞核，也没有核DNA。白细胞常形成于淋巴结，主要参与机体的免疫系统。血小板的作用主要是凝血。血液流经一系列血管，包括动脉、静脉以及纤细的毛细血管，到达体内的每一个细胞。

几乎在所有犯罪现场都可以找到血痕，地板、墙壁或任何物体上都能发现它的存在。受害人或犯罪嫌疑人穿的衣服上更有可能发现血痕。这些血痕可能潮湿，可能干燥，也有可能部分变质或腐败。由于现场情况各不相同，有的犯罪现场可能仅存在非常少量的血痕，这就会限制可完成的鉴定分析种类。甚至在特殊情况下，血量过少会导致鉴定分析完全无法进行。同时，在有多处血痕或多种血迹形态的现场，则要考虑血痕可能来自两人或多人。血液是一种极易腐败的生物性物质，若未能妥善收集和保存，则可能会无法用于分析，甚至还会导致法院对分析结果不予采信。

科学和法律的严格要求，均意味着以科学方法对血痕进行正确鉴定十分必要。正规的实验室操作规范通常包括具有法律效力的程序规定，以确保获取确定的血痕分析试验结果。血痕的分析试验程序与其他类型的证据分析试验非常相似：进行细致的初步物证检查，以发现并提取潜在的证据；详细记录证据及其确切位置；通过初步的筛选试验，允许存有某些类型证据的假设；随后通过灵敏度高的、具体的确证试验对证据的化学特征进行分析识别。在确认作为证据的检材为血痕，或者含有血液及其他体液之后，便可进行血清学证据的测试分析，做进一步的确认。其中就包括确定血液来源的种属鉴定试验，以及根据血液中的成分指标确定可能的出血者。

大多数人认为血痕不难发现，因为没有什么别的东西看起来像湿或干的血痕，所以仅凭肉眼识别就足够了。但事实上，由于形成的时间以及附着物表面材质的缘故，血痕并不如想象得那样容易被发现。暗红色或暗褐色的斑痕可能是血液痕迹。有时候这些斑痕非常微小，或者附着在深色物体表面被掩盖了，甚至可能已从表面上被人清洗了。有些测试可帮助我们寻找到每一处肉眼无法看到的血痕。

寻找血痕的测试称为血痕检验的预试验，这种试验主要使用两种试剂：鲁米诺和荧光素。它们的发光特性可帮助我们在犯罪现场的物体上找到那些微弱或细小的血迹。鲁米诺是一种非常敏感的试剂，可与血红蛋白中的铁发生反应。血红蛋白是红细胞中负责运输氧分子和送出二氧化碳的特殊蛋白分子。为使鲁米诺产生发光特性，必须在碱性溶液中用氧化剂（通常是过氧化氢）将其激发。我们常能在影视剧中见到鲁米诺试验：将测试空间的光线变暗，再将试剂喷在证据上。在黑暗中亮起的蓝色或黄绿色荧光就显示了血液的存在。这种颜色会立即出现，并在下次喷洒试剂之前持续至少 30 秒。研究表明，鲁米诺不会干扰血液中细胞携带 DNA 的能力。鲁米诺和荧光素在面积较大的表面上寻找定位血痕非常有效。但是，它们无法做到绝对确定：其他物质，包括某些蔬菜提取物，可能会给出“假”阳性结果。

有时，在需要确定血痕存在的情况下，泰西曼试验[1]和高山氏结晶试验[2]便可派上用场。这两种普遍使用的试验都属于“微结晶”测试，也就是将其中的结晶试剂添加至疑似血痕的检材中。试剂和血红蛋白产生化学反应，会形成具有典型特征的结晶形状，这是血痕确证试验检测的阳性结果。

当确定检材为血痕后，下一步则是确定它是否属于人血。有时即使血痕不属于人类，确定它来自何种类型的动物也同样重要。大多数常见的种属鉴定试验都属于“免疫沉淀反应”，原理是将人类血清注射到动物体内，通常是家兔。检材以人类血清蛋白作为指标，若血清中

---

[1] 路德维希·卡尔·泰西曼（Ludwig Karl Teichmann, 1823—1895），波兰解剖学家，于 1853 年发明了泰西曼测试。该测试的试剂是冰醋酸与氯化钠的混合物。该混合物会导致血红蛋白分子发生分解，生成血晶素组成的棕色纯晶体，呈现出几乎是黑色的蓝紫色光泽，因此又称为氯化血红素结晶试验。

[2] 高山氏结晶试验又称为血色原结晶试验。

含有蛋白质，即抗原，则可将血痕定义为人血。家兔的免疫系统一旦发现外来物质进入，就会产生针对外来物质的抗体。家兔血此时可理解为人类抗原的抗血清，用以鉴定血痕的种属。将少许家兔抗血清加入人血样本中，便可进行环状沉淀反应测试，或将其加入琼脂凝胶板中进行双向琼脂扩散试验。若血痕为人血，家兔的抗血清中的“抗人”抗体便会与人血中的抗原发生反应，并于抗体和抗原两液的接触面产生可见的白色沉淀环。

所有的人血不是绝对一样的。虽然在各类人群中，红细胞和白细胞内含的物质都比较相似，但在化学结构上仍有细微差异。尽管这些差异并不影响它们的功能，但却足以将它们彼此区分开。[1] 血液中的这种多态物质表现为一定的族群特征。目前我们尚不清楚这些差异产生的原因和机理，但它们在判断嫌疑人或受害人是否为这些生物性物质的来源时，作用不可或缺。

在大多数的犯罪现场，当血液及其他体液被人们发现时，常常已经干燥。干燥过程常会破坏许多多态物质，以至于无法将其用于试验分析。那些经历干燥过程后仍留存的部分主要位于红细胞内或红细胞膜之上。红细胞含有多种抗原，这些抗原差异就成了区分血型的重要特征。虽然血型划分的类别各不相同，但仅有少数部分用于法医鉴定血痕。每一个血型系统的抗原特征都是独立遗传的，控制一个血型系统的遗传基因大多位于同一条染色体上。我们最熟悉的莫过于 ABO 血型系统。ABO 血型系统中，血液被分为 A、B、AB、O 四种血型。四种血型各自的特点表现为血液中红细胞的细胞膜表面是否存有某种抗原，以及血清中是否存有某些抗体。表 7-1 列出了四种血型在人口中所占的百分比。

表 7-1　　四种血型在人口中所占的百分比

血型	约占人口总比（%）
A	40
B	11
AB	4
O	45

当抗体与相同类型的抗原相合时，就会发生红细胞凝集反应，即抗原和抗体彼此间的特异性结合。抗原附于红细胞表面，抗体则可能来自外来血清或其他来源。用肉眼或在显微镜下可观察到红细胞已经黏集在一起。通过加入血清中存在的血型抗体，试验抗原、抗体的反应情况便成为划分人类血液 ABO 血型系统的依据。例如，如果将抗 A 抗体添加到血液样品中并发生了凝集反应，添加抗 B 抗体时却无此反应，则此样品血型肯定为 A 型。

事实上，ABO 血型并非区分度较大的分类系统，因为即使是最稀有的血型也仍占人类总人口的 4%。在 20 世纪七八十年代，科学家们又进行了一系列的分类测试的探索，尝试以新的分类方法来归类更少的人群。位于红细胞中的某些多态酶仅能在人血中发现，于是它们便可用于血液分析。通过建立数据库，我们可以确定各种酶的形式在人群中出现的频次。在实际操作中，目前至少已有四种红细胞酶被用于类型划分。某个特定的人仅携有某组特定酶的概率非常小。本章后半部分我们会谈到，这种类型划分现在已被 DNA 类型检测所取代。DNA 多态性使基因形态差异的数量在理论上达到了无限多，因此可用于进行具体的个体识别。

其他生物性体液和斑痕

除血痕之外，其他一些生物性体液也可作为犯罪证据，其中最重要的三种检材是精液、阴道分泌物和唾液。所有这些都可能成为犯罪性行为中的重要证据，唾液也常在其他类型的犯罪中被发现或作为科学证据。由于犯罪性行为通常没有目击者，因此在作为陌生人的罪犯对受害人实施侵害的情况下，此类生物性体液斑痕能够作为重要物证，并与犯罪嫌疑人建立关联。当然，近年来，生物学证据仍以 DNA 分型为主。

确认证据类型是确定犯罪性行为发生的必要条件。精液是产生于精囊、前列腺和尿道球腺的凝胶状混合物，其中包含细胞、精子和各种有机、无机物质。正常的男性射精约产生 5 毫升的精液，其中大约有 1 亿个精子。精液中含有高浓度的酶和精浆酸性磷酸酶。尽管在一些体液中也存在其他形式的酸性磷酸酶，但精浆酸性磷酸酶的存在是推测精液存在的前提。虽然精浆酸性磷酸酶测试是唯一可接受的精液推断试验，但仍需要进行其他测试来确认精液的存在。关于精液唯一的确证测试是对精子细胞的鉴定。精子有头部，里面含有人体的 DNA，还有一个尾部鞭毛帮助其移动。在新鲜精液中，精子呈活动状态，显微镜下可见其四处移动，但在大多数犯罪性行为案例中发现的精子已不再移动。

在体液斑痕中存在其他细胞物质的情况下，可以使用显色剂来识别精子。有一套俗称“圣诞树染色剂”的染料，实际上是两种染料“苦靛胭脂”与“核坚固红”的统称，专门用于显现精子细胞。[2] 然而，一些男性的精液中精子数量非常少，即“少精症”患者，或者根本没有精子，即“无精症”患者，因此精子染色结果可能显示为没有精子。1978 年，乔治·森萨堡（George Sensabaugh）证实，如果染色剂对精浆酸性磷酸酶的存在有积极反应，并且鉴定出前列腺特异性抗原，则可以鉴定出精液。虽然其他一些体液中也可能发现前列腺特异性抗原，但只有精液中的浓度高于测试的检测限度。从 1999 年起，一种专门针对前列腺特异性抗原的抗原检测试剂，开始应用于法庭科学实验室。

当有外物进入阴道时，对阴道分泌物的分析就非常有必要了。测试阴道分泌物的主要方法是鉴定糖原化上皮细胞。这些细胞形成于月经期间，排卵期会达到最高浓度，其数量取决于女性处于月经周期的哪个阶段。该测试使用高碘酸希夫试剂对糖原进行染色，发生反应后糖原呈明亮的品红色。该测试不能作为最终的确证测试，因为糖原化上皮细胞可能以浓度相对较低的形式存在于男性和女性的其他部位。

人类的唾液由水、蛋白质、酶和盐组成。目前没有特定的唾液测试，但有一种被普遍接受的测试叫作 α-淀粉酶测试。α-淀粉酶是一种分解食物中淀粉的酶。尽管它在其他许多体液中也有发现，但在唾液中的浓度要高出许多倍。淀粉碘化物测试通常用于鉴定 α-淀粉酶。犯罪现场的唾液可能存在于衣物或其他表面、咬痕、受害者的咳痰，以及被害人或嫌疑人口中的外物上。

一般情况下，每一宗案件调查取证的场所和收集的证据量都各不相同，但性侵犯案件有一种较为独特的情况，即常见的证据类型相对固定，而且最关键的证据往往出自嫌疑人或被害人的体内或体表。因此，当被害人还在诊所或医院急诊室时就有必要收集证据，收集证据的人不一定非是经验丰富的犯罪现场调查员，也可以是经过培训的医生或护士。这时证据保管链可能比较容易出问题，因为在那种情况下，医护人员首要关注的是病人，正确包装和保全证据环节比较容易被忽视。一旦出现违反证据保管链程序规则的情况，法庭极有可能对证据不予采信。

专用取证箱，也就是“性侵案件取证箱”，是专门为医护人员设计的。这种取证箱内有各种专门设计和带有标记的容器和样本收集器，可以妥善安全地封存证据以防止被人篡改。一个标准的取证箱应包括：血常规检查设备、阴道冲洗液、精液载玻片或涂片、盛装被害人或嫌疑人内衣的专用袋、盛装任何外物或残渣的容器、盛装干燥的分泌物（如指甲缝或咬痕中的分泌物）的容器、盛装被害人其他衣物的专用袋、毛发常规检查和梳理工具等。

血痕形态分析

血痕形态识别和分析是犯罪现场调查和法庭科学日益关注的一个领域，它已经成为帮助犯罪现场调查员确定流血冲突暴力事件发生全过程的重要手段。通过它获取的证据足以指控犯罪嫌疑人，或使受怀疑的被告人免于起诉。血痕形态分析之所以能成为还原事件过程的利器，是因为它特别关注暴力犯罪案件的以下几个方面：

◎ 流血事件的活动类型。

◎ 出血点。

◎ 血痕形态走向。

◎ 出血点与目标表面间的距离。

◎ 流血时各方所处位置。

◎ 流血时或流血后的移动。

◎ 打击或枪击的次数。

◎ 在场全部人的个体特征。

◎ 流血时或流血后的事件序列。

血痕属于痕迹证据。与笔迹、指纹痕迹和枪弹痕迹不同，血液痕迹的分析最早普及于20世纪80年代，属于相对较新的分析方法。[3]对此开展的研究相对较少，该领域也仅有少数资深专家。目前，一些专家正为从事实务工作的调查员和法庭科学家提供为期1~2周的短期课程。由于缺乏丰富的研究基础，血痕形态分析在可靠性、有效性及观察者偏见方面仍有偏差的可能性，所以，与其他类型的证据一样，近年来它也面临着人们的详查细审。由于血痕形态自身的特殊性，设计与真实情况一模一样的研究场景显然存在困难，但我们仍有可能通过积极的资金运作和研究资助来尝试解决其中的一些问题。

血痕形态有多种类型，但它们都来自以下两种产生方式。第一种，血痕形态产生于物体冲击人体，如钝器伤或枪弹伤。冲击型飞溅血痕多是由于人体受到凶器打击而形成的血痕形态。受物体打击的表面极有可能沾有血迹，所以才能产生此类型的血痕。在大多数案例中，第一击通常不会产生冲击型飞溅血痕，但是随后连续的打击就能产生此类血痕。不过，枪弹伤是一个例外。枪弹高速冲击所产生的血痕通常呈雾状。

第二种，血痕形态产生于血液自体内喷射而出，其中包括抛甩状血痕、滴落状血痕、动脉喷射状血痕、擦拭状血痕、拖扫状血痕以及吹溅状血痕等。抛甩状血痕常来自凶器，如刀具、棒球棍等，痕迹位置则常在天花板上，呈有线状。滴落状血痕常来自人体或某物体上的血液，常位于地板或物体表面。如果血滴滴落至地面或物体上，会形成“卫星”状向四周散落的血痕，特征是主要滴落痕迹周缘有“毛刺样”的改变。动脉喷射状血痕常来自人体主动脉，如颈动脉或股动脉被破坏而导致的血压突然升高或降低。它的痕迹特征非常特别，常呈现为一个明显的弧形。拖扫状血痕常来自移动某个沾血物体，也就是经过接触、转移后在载体上所留下的血痕。擦拭状血痕常来自某物体被移动并经过之前已存在于其他物体表面的血痕。吹溅状血痕则常来自人体伤口血液的快速流失，通常会形成血泊。

DNA

在本章前半部分我们曾讨论过，将血液的多态物质作为证据会有若干限制。首先，血液的干燥过程常会破坏多态物质，以至于无法将其用于试验分析。其次，每种多态物质的形态种类有限，有相同形态多态物质的人群数量可能相当高。因此，单凭这些物质或它们的组合的试验分析，无法将血液或其他体液用于确证个体识别。另外，人体内每个有核细胞中都有 DNA 存在，而且无论面对何种环境变化，它都能够保持稳定。[4] 20 世纪 80 年代初期，科学家证明了 DNA 的某些片段具有高度多态性，而含有多态性的区域多达数百个，并且这些位置的多态性都独立于任何其他位置。基于 DNA 的多态性和 DNA 分型技术，从人体组织或体液中提取到的 DNA 能够完全实现个体区分。这样的惊人发现引发了法医生物学的一场革命。

DNA 的这种特异性极大地增加了将犯罪嫌疑人或被害人与犯罪现场的生物学证据建立关联的可能性。科学家们已经证明，几乎任何类型的生物学证据中都可进行 DNA 试验测定，甚至从古代保存的木乃伊中都能获得 DNA！目前 DNA 分型技术是所有法庭科学和技术中最精确的研究和检验确证方式。在正确执行操作、保护和管理的程序规范的前提下，它能够为我们提供与其他法庭科学不同级别的验证可靠性和独特性。

DNA 是什么

DNA，即脱氧核糖核酸，是一种生物大分子、长链聚合物。除红细胞和神经细胞外，我们几乎可在身体的每个细胞中发现 DNA。红细胞在骨髓中产生并不断被取代，所以它们不需要 DNA；在大多数情况下，我们生来就具有自己所拥有的所有神经细胞，所以神经细胞通常不具备再生能力。DNA 常见于细胞的细胞核[1]和线粒体两个区域。在细胞核内，DNA 位于被称为“染色体”的结构中。

[1] 大多数但不是全部的细胞，都只有一个细胞核。

DNA 是一种独特的分子，其形状呈双螺旋结构，看上去就像是一个“扭曲的梯子”。这个“梯子”的“梯级”由一对位于中间、连接两侧的碱基构成，也称为“核苷酸”。“梯级”由四种碱基组成：腺嘌呤、胸腺嘧啶、鸟嘌呤和胞嘧啶。由于碱基的化学结构复杂，只有某些碱基对可以连接在一起：腺嘌呤只能与胸腺嘧啶结合，而鸟嘌呤只能与胞嘧啶结合，没有哪种碱基可以与其自身结合。DNA 的双螺旋结构如图 7-1 所示，虽然初看上去，我们会觉得 DNA 链上的碱基对似乎根本没有形态或规律可循。但如果仔细观察，我们便会发现，有时碱基对会重复出现多次，有时则可能按照有长有短的序列重复出现。这样的排列规律就能够为 DNA 分析员所利用，通过发现不同个体间的 DNA 差异来实现个体识别。

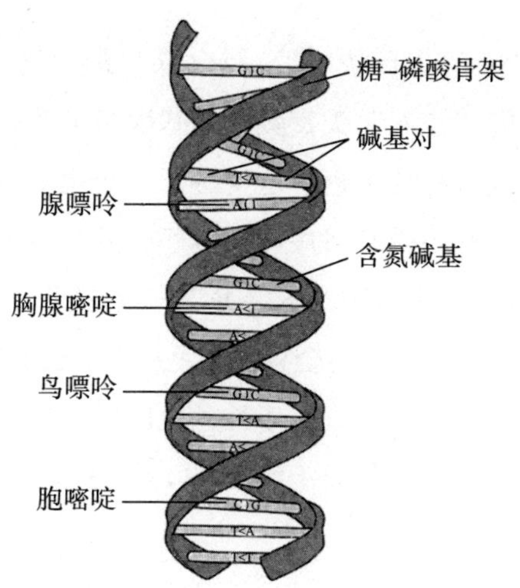

图 7-1 DNA 结构示意图（本图由 Talking Glossary of Genetics 提供）

DNA 主要负责保存遗传性状信息。男性精子和女性卵子都各含有一半人体的 DNA。当精子和卵子结合时，DNA 链也随即结合在一起，这样就将完整的 DNA 赋予了受精卵，进而发育成胚胎。我们人类有 46 条染色体，排列成 23 对，其中一半来自母亲，一半来自父亲。

我们的父亲和母亲各自为我们提供了染色体的一半，每个人都是父母染色体的独特组合。通过染色体，我们继承了父母亲的身体、心理和情感特征。这些特征通过包含在染色体的部分基因代码对我们进行定义。基因是由特定碱基对序列组成的染色体的一部分。人类基因组包含超过 10 万个基因。这些基因序列“告诉”细胞制造那些能产生诸如眼睛颜色、性别、身高等特征的蛋白质。染色体上基因或其他相关碱基对序列所在的位置叫作“基因座”。[1]

例如，至少有一个基因决定了一个人头发的颜色。因为不同的人有不同的发色，所以“控制”头发颜色的基因必定存在一些变化，这样人群中才会有各式各样的发色。这类特征的变化是由遗传密码的差异引起的，或者说，是由碱基对序列的排序差异导致的。通常，一个基因不止有一种形态，我们把这种现象称为“多态性”。 不同形态的基因称为等位基因，所以，我们就会有“棕色头发等位基因”“红色头发等位基因”等。那有些人的头发介于纯色之间的情况是怎么回事呢？这是因为那些人从他们的父母身上继承了不同的等位基因。所以，我们

[1] 基因座又称座位，即基因在染色体上所占的位置。一对染色体可以想象为两条平行线，染色体上一个给定的位置就好比两条平行线上的一点或一段，也就是基因座。一个基因座可以是一个基因、一个基因的一部分，或者具有某种调控作用的 DNA 序列。

说，如果一个人继承了父母双方特定特征的同一种等位基因，那么这个基因就被认为是纯合子；如果一个人从父母那里各继承到不同的等位基因，那他的基因就是杂合子。具体来说，如果一个人从父母那里分别继承了棕色头发的基因和金色头发的基因，那么这个人通常表现为棕色头发，这是因为棕色头发的等位基因比金色头发的（隐性）等位基因占优势。

基因的多态性有两种类型。第一种多态性称为“序列多态性”，即当基因内的一个或多个碱基对有差异时可能会发生的序列多态性。如图 7-2A 所示，观察 DNA 短链中的碱基对序列，并注意箭头标记位置处碱基对的差异。第二种多态性称为“长度多态性”。如图 7-2B 所示，当 DNA 链中出现碱基对的重复序列时可能会发生长度多态性。注意，图 7-2C 中的碱基对序列在图 7-2B 中的三条 DNA 链中都有出现。但在

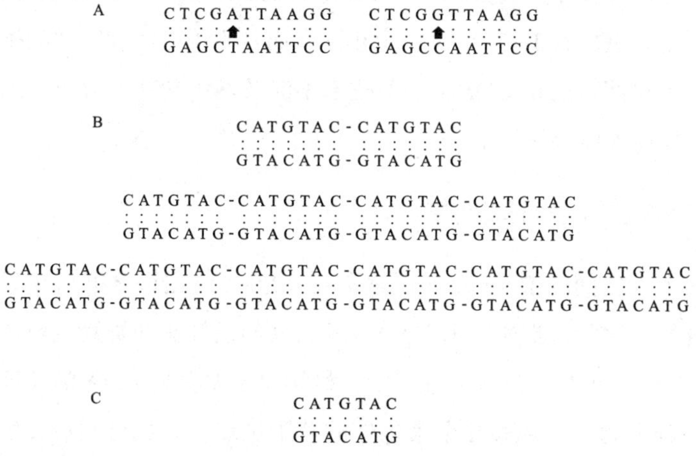

```
A    CTCGATTAAGG    CTCGGTTAAGG
     GAGCTAATTCC    GAGCCAATTCC

B    CATGTAC-CATGTAC
     GTACATG-GTACATG

     CATGTAC-CATGTAC-CATGTAC-CATGTAC
     GTACATG-GTACATG-GTACATG-GTACATG

     CATGTAC-CATGTAC-CATGTAC-CATGTAC-CATGTAC-CATGTAC
     GTACATG-GTACATG-GTACATG-GTACATG-GTACATG-GTACATG

C    CATGTAC
     GTACATG
```

图 7-2　基因多态性

第一条 DNA 链中，序列重复出现了两次；在第二条 DNA 链中，序列重复出现了四次；在第三条 DNA 链中，序列重复出现了六次。由于重复序列彼此相邻，其中没有插入任何其他的碱基对，所以它们被称为“串联重复序列”。DNA 的长度多态性和序列多态性在进行个体区分时非常重要。

为什么法庭科学需要 DNA 分析

与血液中其他物质，如血液抗原、红细胞抗原等的检测相比，DNA 分型技术有许多优势。首先，DNA 具有高度多态性。在 23 对染色体上有很多位置都会出现长度多态性和序列多态性，而每一个位置的特点都足以将人群按照特定类型进行分类。其次，除了同卵双胞胎外，每个人的 DNA 都是独一无二的。虽然人类超过 99% 的 DNA 是相同的，但 DNA 分型技术利用几个高度多态的部分，借助科学技术可以使其产生高度差异。最后，一个人自身的 DNA 高度一致，无论是血液、毛发还是唾液，其中的 DNA 完全相同，而且不因生活和时间的推移而改变。值得注意的是，DNA 分型技术不涉及基因功能的分析，因此它不揭示任何人体特征。

解释 DNA 证据：群体遗传学

两个人之间的 DNA 差异通常不到 0.1%。法庭科学家从在犯罪现场发现的生物学证据中提取 DNA，并将其与已知犯罪嫌疑人或被害人的 DNA 进行比对。在这个过程中，科学家主要分析 DNA 的长度多态性和序列多态性，观察几个染色体的若干位点，以比对相似程度，这些 DNA 的位点就是区分个体的关键位置。法庭科学家通常会选取多个位点进行比对，原因是检材与样本的DNA一致的位点越多，越能让科学家确信检材与样本出自同一个人。

或许概率可以解释这个科学原理。每个事件都有产生若干结果的概率，最常见的例子就是掷硬币[1]，我们要么得到正面，要么得到反面。由于硬币正反面出现的概率基本相同，因此我们可以说，硬币出现正面的概率是1/2或0.5。假设一枚硬币掷了两次，那么连续两次出现正面的概率有多大呢？我们列出四种可能的结果：H-H、H-T、T-H和T-T。因此，两次掷硬币连续出现正面的概率就是½×½=¼或0.25。这个数字是通过乘积法则得出的：发生两个或更多独立事件的概率是每个事件概率的乘积。那么我们还可以继续算，掷硬币连续三次得到正面的概率就是1/8或0.125。也就是说，掷硬币次数越多，发生特定结果的可能性就越小。但需要特别提醒的是，每个事件必须完全独立于其他事件，否则乘积法则就无法适用了。

法庭科学家分析解释DNA检材来自某个特定人的可能性，就可以使用概率计算。当分析DNA类型（碱基对序列）的每个位点时，科学家可以对数百人进行DNA分型来确定等位基因的群体基因频率。例如，一个特定的基因座可能有大约15个不同的等位基因，但这些基因在特定的群体中不会以相同的频率出现。今天，DNA领域的专业法庭科学家能分析十多个基因座，并确定每个位点存在的等位基因的频率。在这种情况下，就可应用乘积法则来确定所有这些等位基因的总体概率。

[1] 硬币有正反两面，英语中正面叫作“heads”，也就是“头”，有头就有“尾”，所以硬币的反面叫作“tails”。

DNA 分析

时至今日，DNA 分析技术比几年前使用的方法已经大为改进。曾经，科学家需要硬币大小的血痕才能从中提取充足的 DNA 进行分型，而今天则只需要一个句号那么大的血痕就足够了。而且几乎所有的体液或组织中的 DNA 都能够进行分型，甚至有的时候一个指纹中的物质或一根毛发就足以进行 DNA 分型。与此同时，DNA 分型的整个过程越来越短，受到的污染越来越小，成本也越来越低，结果越来越可靠。自动化的 DNA 分型技术现在也越来越普遍，这在减少分析时间的同时也减少了人为干预。通常，法庭科学的 DNA 分析包括以下六个步骤：

◎ 收集生物性检材。

◎ 提取和纯化 DNA。

◎ 初步定量以确定是否有足够的 DNA 进行分型。

◎ 使用聚合酶链反应扩增 DNA。

◎ 通过电泳分离所需的 DNA。

◎ 处理数据确定具体的 DNA 类型。

收集 DNA 检材与收集其他血清学检材的注意事项大致相同。但收集 DNA 检材时还有更多需要特别注意的地方。即使 DNA 检材的多样性令人感到惊叹，即使我们今天的分析方法只需要如此少量的 DNA 检材，但一旦 DNA 发生降解[5]就有可能让检验化为泡影。

生物学证据污染对收集DNA检材来说也是一个不容忽视的问题。因为进行DNA分型仅需要微量检材，所以法庭科学家才更需要采取更多的预防措施，如穿防护服，使收集者的毛发、头皮屑等尽可能少地掉落，以防止干扰后期的试验分析。另外，每次收集新证据都必须戴手套并及时更换，必须使用镊子等工具收集证据，并且要同时收集阳性对照和阴性对照样本以及排除样本。排除样本是所有出现于犯罪现场人员的已知DNA样本。

生物学证据绝不能置于密封的容器中，因为这样可能会导致湿度增加，造成可降解DNA的细菌生长，所以应当将其放入纸袋或其他透气的容器中。如果衣物或其他材料被怀疑含有血液，只要有可能，就应当收集整个衣物或材料。如果不能做到，那么必须将检材样品以及衣物或材料上不含任何生物材料的样品同时送往实验室。这样的程序规范称为“空白对照”，它是一种阴性对照。尽管人体内大多数细胞物质都含有DNA，但收集已知样本时通常只需轻轻擦拭口腔颊黏膜就可完成收集。这些“口腔拭子”样本不但容易获得，对人体的侵入最小，而且它包含的DNA也足以用于分型试验分析。如果通过血样采集DNA，应将其放入已含有抗凝剂的试管中。

要想从生物性检材中提取DNA，首先需要“打开细胞”，即“裂解”，然后除去并纯化DNA。完成这项程序必须借助高温和正确的化学试剂。纯化后的DNA要在接下来的工作中使用，因此必须将其妥善贮存于抗凝剂或不含任何可降解它的溶液中。在性侵犯犯罪中，一些生物学证据可能包含有多个来源的DNA，如阴道或宫颈拭子中可能含有属于男性的精子细胞和属于女性的非精子细胞。在这种情况下，就需要使用特殊的提取程序，即通过化学浴进行初始提取，使精子保持完好，再离心分离精子细胞，裂解非精细胞，分离并纯化 DNA。精子细胞部分则需使用更复杂的化学试剂，将其裂解并释放出精子细胞 DNA。

实时聚合酶链式反应用于确定提取的生物样本是否含有 DNA 及其含量，因此可以决定是否继续进行 DNA 分型。它还可以提醒科学家可能存在的干扰 DNA 分析的抑制物。实时聚合酶链式反应是一种可以扩增靶向 DNA 序列的技术。在最流行的现代 DNA 分型方法中，使用的靶向序列是长度多态性，也称为短串联重复序列。这些短序列长度为 2~7 个碱基对，在人类基因座中重复不同次数。目前，法庭科学实验室对其扩增，在 46 条染色体的不同位置上对 13~16 个短串联重复序列进行分型。美国国家 DNA 数据库要求对 13 个指定的基因座进行分型。

在聚合酶链式反应过程中，纯化的 DNA 与许多物质混合，其中包括构成 DNA 新链的单个核苷酸、Taq 聚合酶❶、荧光染料标记引物❷及其他保持离子强度和 pH 值为恒定的化学试剂。聚合酶链式反应过程发生于热循环仪中。该仪器可以容易、快速、准确地提高或降低上述 DNA 反应混合物的温度。实现该过程主要分三个步骤：

❶ Taq 聚合酶具有催化活性，能催化核苷酸添加至 DNA 链。

❷ 荧光染料标记引物可以附着到 DNA 链上的短串联重复序列的任一端，以提供另外的核苷酸的锚定。

◎ 将 DNA 加热到足够高的温度以使其变性。DNA 由两个互补链组成，而互补链则由碱基对、A–T 或 C–G 连接而成。在足够高的温度下，双链在碱基对之间分开，留下两条互补链。

◎ 通过降温使特别设计的引物连接到扩增目标短串联重复序列两侧的单独 DNA 链上，这个过程称为“退火”。

◎ 最后，在 Taq 聚合酶的指引下，完成核苷酸的添加。添加从引物开始，到每条链上的每个短串联重复序列。结果为现在有两个完整的双链 DNA 片段，它们是原始片段的精确拷贝。这被称为聚合酶延伸。

在此之后，再加热 DNA，使其再次发生变性，重复该过程。通常，用于证据分析的聚合酶链式反应要进行大约 30 个循环，这将形成 2^{30} 个 DNA 拷贝。利用现代聚合酶链式反应分析方法，可以在同一个实验中靶向多个 DNA 短串联重复序列，从而可以同时完成多个位点的扩增。不过，这也意味着扩增的 DNA 将是若干片段的混合物，为了进行分析解释，必须将它们分离。

扩增 DNA 的分离和鉴定

用于分离扩增 DNA 片段的技术叫作毛细管电泳。在这种技术中，扩增的 DNA 被放置在非常细的毛细管中，毛细管含有按尺寸分离 DNA 链的分子筛物质。分子筛物质可以使较小的片段比较大、较重的片段更快地通过矩阵。充电的毛细管具有阳极和阴极。添加到 DNA 中的一种缓冲液使 DNA 片段带有负电荷，并使其被吸引到毛细管的阳极。

当分离的 DNA 片段通过毛细管时，它们会被紫外线（可见光）检测器检测到。荧光标记引物在聚合酶链式反应的退火程序中被加入变性 DNA 中。四种不同颜色的荧光化学染料用于不同的引物，因此不同的片段会被它们引物的荧光颜色分开。每个分段在图表中会显示出峰值，并由短串联重复序列中的重复次数标识。因此，标记为“13”的峰包含所测量的特定短串联重复序列的 13 个重复。

所有人的 DNA 都来自父母双方，无论是父亲还是母亲，都可能为特定的基因座贡献不同的等位基因。因此，一个基因座常会包含两个片段。有人的基因座可能为“12，16”，这意味着特定的短串联重复序列有 12 个重复来自其中一位家长，而有 16 个重复来自另一位家长。除了证据和已知 DNA 样本外，我们还可运行“DNA 分型标准物”。这些 DNA 等位基因分型标准物含有许多已知大小的 DNA 片段，用于校准仪器，从而为每个峰确定正确的重复次数。来自所有分析位点的总等位基因可以形成 DNA 图谱。如果用于证据的 DNA 检材的图谱和已知来源的 DNA 样本图谱完全相同，则可以得出关联的结论。

通过短串联重复序列分析进行 DNA 分型并不是一个完美的过程。个别情况下，解释电泳峰的计算机会调用错误的等位基因。DNA 出现降解情况或量不足可能难以区分真正的峰值与仪器干扰，或者还有可能出现混合物检材难以分析解释。研究表明，DNA 分析的大多数问题都是由于样品处理不当、样品混合或操作员污染等原因造成的。像其他所有证据一样，DNA 必须非常谨慎地处理。表 7-2 列出了一个假设的经毛细管电泳试验的 DNA 图谱。该图谱有 14 位点的 DNA 类型加上在牙釉质蛋白基因的位点，该基因是性别测定的位点[6]（XX 染色体为女性，XY 为男性）。此 DNA 图谱中的所有位点都包含两个等位基因，这意味着父母各对个体提供了不同形式的短串联重复序列，因此我们可以说，这个人的 DNA 是杂合子。如果定位点只有一个片段，它将是纯合子。每个基因座中每个等位基因的群体基因频率决定了一个人是高加索人、黑人还是西班牙裔。

表 7-2　一个假设的经毛细血管电泳试验的 DNA 图谱

FGA	23，27	Penta E	5，9	D16	11，13
TPOX	8，10	D18	15，19	D7	10，11
D8	10，15	D21	30.2，31.2	D13	10，12
vWA	15，17	THO1	6.9，3	D5	11，14
Amelogenin	XY	D3	14，15	Penta D	9，12
CSF1PO	10，13				

每个基因座都独立于其他基因座。这不但意味着一个基因座的等位基因不依赖于另一个基因座的等位基因，还意味着所有等位基因的群体基因频率可以相乘，以获得该 DNA 类型的总体群体基因频率。表 7-2 中的 DNA 类型在高加索人群中发生的频率为 330×10^{21} 分之一。当然，地球上并不会有那么多人，因此找到两个或两个以上具有这种 DNA 图谱的高加索人的概率非常低。

NDNAD：国家 DNA 数据库

DNA 分型技术中最重要的进展之一是，开发了包含从犯罪分子那里录入的数千种 DNA 类型的地方和国家数据库。当在犯罪现场发现来历不明的疑似犯罪嫌疑人的 DNA 时，可以对其进行分型检测并将结果发送到数据库。在很多情况下，即使犯罪者在不同地域犯罪，也能对其检测和进行个体识别。1995 年，世界上第一个国家 DNA 数据库由英国法庭科学服务机构设立。英国国家 DNA 数据库❶包含超过 200 万份来自犯罪嫌疑人（即使发现其无罪）、罪犯及犯罪现场的 DNA 档案。在美国，综合 DNA 指数系统❷则由美国联邦调查局维护。

DNA 数据库在通过犯罪现场提取的证据识别犯罪嫌疑人方面作用巨大。另外，DNA 数据库检测已经开始广泛应用于破解“悬案”中。发生在 DNA 分型技术出现之前的案件，可以使用犯罪现场保存的 DNA 证据重新进行启动调查。DNA 数据库的另一个重要的、也越来越广泛的用途是“定罪后申诉救济”。它的意思是被定罪的重罪犯说服律师申请用 DNA 分型技术重新检验当年（DNA 分型技术诞生及应用之前）案发时从犯罪现场提取的证据。通过 DNA 分型技术，现在已有数百名被判有罪的“罪犯”从狱中获释，其中一些已经服刑 20 年以上。

有时也会出现有犯罪嫌疑人但 DNA 证据不完整的情况，这时就可以使用部分 DNA 类型在数据库中检索。这样可能会产生若干匹配结果，可帮助警方缩小调查范围，甚至结合其他证据直接“命中”犯罪嫌疑人。一起发生在威尔士的系列强奸案体现了 DNA 数据库的价值：警方分析了来自现场的已部分降解的 DNA，并在 NDNAD 数据库进行搜索，

❶ 英国的 DNA 数据库是世界上最大的 DNA 数据库之一，5.2% 的英国人口的 DNA 都已登记在案，相比之下，美国的比率则仅为 0.5%。

❷ 美国 FBI 从 1990 年开始用 4 年时间研发出首版 CODIS 应用软件，目前已升级到 5.7.4 版。全美共有 183 个 DNA 实验室安装使用了该软件，并实现了全国联网。另有全球 32 个国家和地区正在使用 CODIS（包括中国香港）。

结果部分 DNA 匹配到一位主要犯罪嫌疑人的亲属。基于这种匹配结果和 DNA 亲属的相似性，警方很快锁定了首要犯罪嫌疑人约瑟夫·卡朋（Joseph Kappen）。虽然当时卡朋已死，但警方将其尸体挖掘出来，对其 DNA 进行了确证，他的 DNA 与现场证据完全吻合。

线粒体 DNA 分型

在实际情况中，有时会发生无法获得核 DNA 的情况，也有可能 DNA 发生降解以至于不能进行分析，检验分析高度腐败的骸骨就有可能遇到这种情况。幸运的是，科学家们在线粒体中发现了另一种 DNA，尽管它仅占 DNA 的大约 1%。线粒体结构存在于身体的每个细胞、细胞质中以及细胞核外。线粒体负责产生细胞能量，并且它的 DNA 有助于此功能的实现。每个细胞中有成千上万个线粒体，因此也就有数千个 DNA 拷贝，而相较而言，每个细胞中只有几个核 DNA 的拷贝。

线粒体 DNA 与核 DNA 有多个方面的差异。首先，它不是双螺旋的，而是环状的。其次，人的线粒体 DNA 中有 37 个基因，但法医学上最重要的部分由两个区域内的约 1 100 个碱基对组成，即不具有遗传密码功能的 HV1 区和 HV2 区。这些区域的差异变化很大，对于 DNA 比对非常有用。尽管无关联人群中线粒体 DNA 存在很大差异，但只有这两个区域表现出这种特异性，因此线粒体 DNA 分型尚无法实现 DNA 个体识别。最后，线粒体 DNA 仅从母亲处遗传，父亲没有任何贡献。这使得线粒体 DNA 成为通过母系追踪其亲源的有用工具。家族中的每个兄弟姐妹都有相同的线粒体 DNA，并且他们的母亲、外祖母等母系亲属也都有相同的线粒体 DNA。

近年来，随着血痕形态分析和DNA分型技术的飞速发展，法医血清学的影响日益重要。这两个领域研究的不断进步和突破对刑事调查和法医试验分析，尤其是处理和纠正悬案、疑案以及错案方面贡献巨大。血痕形态分析在还原犯罪现场、确定在场人员角色和位置以及确认血痕类型方面有非常大的作用，但它仍然与第5章所讨论的其他痕迹证据一样，在有些情况下缺乏更严谨、完善的科学研究的有力支持。如今，经验丰富的分析员可以通过科学技术将生物学证据与特定的来源建立起高度确定的关联，所以我们说，DNA分型技术已成为大多数刑事和民事案件调查的“中坚力量”。

在最后三章，我们将从法医生物学转向法医化学领域。我们将利用化学技术和方法来识别化学方面的证据和微量物证，在化学物质和特定来源间建立关联。在法医化学领域，证据会从一个地点转移至另一个地点，一些独特物质的特性也随之转移且具有持久性。根据这一点，我们再结合证据本身的物理和化学特性就能发现很多意义重大的证据。

要点总结

1. 在确认作为证据的检材为血痕，或者含有血液及其他体液之后，便可进行血清学证据的测试分析，包括确定血液来源的种属鉴定试验，以及根据血液中的成分指标确定可能的出血者。
2. 除血痕之外，其他一些生物性体液也可作为犯罪证据，其中最重要的三种检材是精液、阴道分泌物和唾液。

3. 基于 DNA 的多态性和 DNA 分型技术，从人体组织或体液中提取到的 DNA 能够完全实现区分个体的目的。

4. DNA 分型技术中最重要的进展之一，是开发了包含从犯罪分子那里录入的数千种 DNA 类型的地方和国家数据库。

5. 血痕形态分析和 DNA 分型技术的不断进步和突破，对刑事调查和法医试验分析，尤其是处理和纠正悬案、疑案以及错案方面贡献巨大。

信息延伸

1. 红细胞表面有许多糖蛋白，它们构成红细胞的“脸”，使每个人的红细胞具有自己的个人特性，借此区别于其他人或动物的红细胞。这些糖蛋白构成了具有独自特异性的、能够在体内引起免疫应答的物质，这些物质被称为红细胞血型抗原，就是常说的红细胞血型。参见单大国．刑事科学技术．北京：高等教育出版社，2016。

2. 许多法医实验室都选择将检出精子作为精液的确证试验之一。最常用的方法是用去离子水润湿的棉签提取针织物或人皮肤上已干的精液，再将获得的细胞部分涂在显微镜载玻片上，加热固定。固定的细胞用“圣诞树”染料染色，这种染料中包含硫酸铝、核固红、苦味酸和洋靛红。然后将染色后的载玻片置于显微镜下观察是否有具有特征性头部和长尾巴的精子细胞。“圣诞树”染料可将精子头部的前端染成浅色或粉红色，后端染成深红色，精子的中部染成蓝色，尾巴染成黄绿色。参见 Butler, J. M. 侯一平 & 李成涛 (译). 法医 DNA 分型专论：方法学 (第三版). 北京：科学出版社，2013。

3. 犯罪现场血迹形态分析是一门新兴的学科。1969 年，美国著名法庭科学专家赫博特·麦克多纳德博士即开始了对犯罪现场血迹形态方面的研究，并于 1982 年出版了《血迹形态阐释》(*Bloodstain Pattern Interpretation*) 一书。此后，许多专业技术人员致力于对血迹形态的研究，关于犯罪现场血迹形态分析的教材、专著不断增多，并于 1983 年成立了国际血迹分析协会。所有这些都标志着犯罪现场血迹形态分析已经成为一门系统的学科。参见罗亚平．犯罪现场血迹形态分析概述．公安大学学报（自然科学版），2002，(4): 36–38。

4. 虽然 DNA 是个体身份的最好标记，但是作为个体特征的 DNA 并不是绝对一成不变的。DNA 的改变主要有以下几个方面的原因：DNA 复制的差错、环境因素的干扰、生殖细胞重组、转座子的影响、染色体不分离等。所以，在进行 DNA 分析时也要考虑遗传与变异的关系。参见伍新尧．高级法医学．郑州：郑州大学出版社，2001。

5. 机体死亡后，组织细胞对自身酶的屏障保护机能消失，细胞内的溶酶体膜破裂，释放出各种水解酶，使细胞成分水解，细胞形态结构因自溶而崩解，该过程中细胞核可出现核浓缩、核碎裂、核溶解，在脱氧核糖核酸酶的作用下，核染色质双螺旋结构的 DNA 崩解为小碎片，由于核膜破裂，DNA 碎片分散于胞浆中，最后染色质中残余蛋白质被溶蛋白酶溶解，核便完全消失，故机体死后一段时间，细胞核 DNA 会发生分解、减少直至消失，即细胞内的 DNA 含量随死亡时间的延长而呈逐渐下降的趋势。参见罗光华，靳俊峰，高翠莲，王江峰，陈玉川．DNA 降解与腐败尸体死亡时间的相关性．法医学杂志，2006，(1): 7–9, 97。

6. 目前，在人类性别鉴定的 DNA 分析技术中应用最为广泛的是牙釉质蛋白基因的检测。它位于人类 X 染色体 p22 以及 Y 染色体中心粒附近，编码牙釉质蛋白，二者序列具有 90% 同源性。20 世纪 90 年代初，一些学者先后对牙釉质蛋白基因进行测序，并采用实时聚合酶链式反应扩增单拷贝 X、Y 同源区域进行性别测定，该方法目前也为法医学性别检验试剂盒使用，其扩增片段为 106bp 和 112bp。参见冯婷，李淑瑾，丛斌，娄春光，付丽红，张晓静，马春玲 . 焦磷酸测序分析短片段牙釉质蛋白基因进行性别鉴定 . 中国法医学杂志，2012，(3): 177–180。

8 火灾与爆炸

FORENSIC

A BEGINNER'S GUIDE

SCIENCE

火灾产生的原因通常有哪些?

如何推断火灾是蓄意人为的?

爆炸与火灾有何不同?

高爆炸药与低爆炸药有什么区别?

在本章，我们将一起讨论火灾和爆炸，并从多个角度分析它们的相似性，以及在个别方面的区别。我们还将了解如何搜索火灾和爆炸现场，以及能够收集和分析什么样的证据。

1995 年 4 月 19 日，一辆载有数百磅硝酸铵与柴油混合物的卡车停在美国俄克拉何马城的艾尔弗雷德 · P. 默拉联邦大楼（Alfred P. Murrah Federal）外。随后，卡车中的爆炸物被引爆。该建筑物几乎被摧毁，爆炸导致数百人遇难，爆炸的冲击使大楼窗户飞入街区外的几座建筑物内。这场恐怖袭击爆炸案中使用的爆炸物都由现成的化学品制成：硝酸铵是一种常见的以大包装袋出售的颗粒状普通商业化肥，而柴油则是那种常见的家用和商用的、用瓶子或罐子封装的普通燃料。但是，硝酸铵颗粒与燃油的混合物，再加上一个靠电子计时器点火的引爆器，就足以制造一个引发强烈爆炸的炸弹。

燃烧

火灾和爆炸实际上都是由燃烧引起的。燃烧是燃料与氧气的化学反应。完全燃烧会形成氧化物、水以及能量；不完全燃烧除了会形成与完全燃烧相同的产物以外，还会产生其他化学产物，但不完全燃烧的产物和能量通常少于完全燃烧。燃料与氧气的反应总是会释放热量，并且能量以光和热的形式产生。释放能量的化学反应是“放热反应”，但并非所有的氧化反应都是放热的。例如，铁与氧发生的缓慢的化学反应会形成铁锈，即氧化铁，这一过程就不是放热过程。但我们都明白，铁不是一种燃料。我们最熟悉的燃料之一是从石油（原油）中蒸馏出来的汽油。汽油中含有超过 300 种物质，主要是碳氢化合物，它是一种与氧气反应可释放大量能量的强效燃料。

在汽车引擎中发生的内部燃烧是汽油和空气被限制在一个叫“燃烧室”的狭小空间内，通过火花塞点火，开始燃烧并产生能量。燃烧产生的能量加热反应产物，将它们转化为蒸气。这些受热的、急速膨胀的气体会推动活塞使汽车移动。这种燃烧似乎是一次爆炸，但实际上只是一次点火产生的化学和物理反应。尽管它的确看上去像是“爆发”了，但这种现象是对各种物理和化学反应的可控限制。虽然真正的爆炸也是燃烧反应，但燃烧和爆炸还是有区别的：燃烧与爆炸产生的能量差异非常大，而且产生的能量与反应产物之间的相互作用也有明显差异。正如我们在本章要讨论的，爆炸物的反应速度与燃烧中排出气体的速度截然不同。燃烧反应产生的能量部分取决于燃料和氧气如何密切地混合。氧原子和燃料原子越接近，产生的能量就越多，排出气体的速度就越快。

火灾

火灾能对人和建筑物造成可怕的损坏和伤害。世界上最危险的火灾常发生在拥挤的夜总会。例如，2002 年 11 月 30 日，委内瑞拉加拉加斯一家夜总会发生了火灾，共造成 47 人死亡。虽然灾后人们认为是夜总会的线路问题或厨房火灾导致了这场大火，但真正的原因却从未得到确证。我们当中很多人想到火灾时，往往第一个反应就是有人放火，认为肯定是有人故意引发火灾想要伤害或杀死他人。但事实上，世界范围内许多死伤惨重的火灾都是意外发生的。

燃烧三要素

到底什么是放火？起火的原因该如何确定？法庭科学实验室在调查火灾时能起到什么作用？火通常是燃烧反应的结果，反应释放的能量导致可燃物燃烧，随即产生我们熟悉的橙色火焰和烟雾。燃烧的发生必须具备三个要素：燃料、氧气和使火开始燃烧并持续的充足的热。如图 8-1 所示，消防专家使用三角形来简略描述燃烧三要素之间的关系。通常，产生火焰的燃烧反应是缓慢的：日常生活中典型的燃料，如木材、塑料、汽油等不能产生足够的能量来形成爆炸，而燃烧所需的氧气则主要来自火势周围的空气。从发生化学反应的标准来看，我们日常所接触到的空气和燃料，与真正意义上的燃烧要素相差甚远。在燃烧反应中，燃料蒸发，氧分子分解为原子。这也是一个缓慢发生的过程，反应的结果是产生火焰和缓慢排出的热气体。

燃烧的三要素告诉我们如何及时控制火情，以及灭火器的灭火原理。既然要想保持火的持续存在，就必须同时具备这三个关键要素，因此只要我们能够消灭其中一个要素，就会使火熄灭。例如，液体或固体燃料不会轻易燃烧，所以火灾的温度下降到燃料无法蒸发的程度，火势就会消失。人们常用水来扑灭各种火灾，那是因为水将燃料冷却到低点。虽然水的使用最为广泛，但它却不是通用的灭火器材料。它不能用于电气火灾，因为水具有导电性，用水消灭电气火灾反而会使火势加大或产生危险。另外，如果能想办法将火与氧气隔离，火也会熄灭。

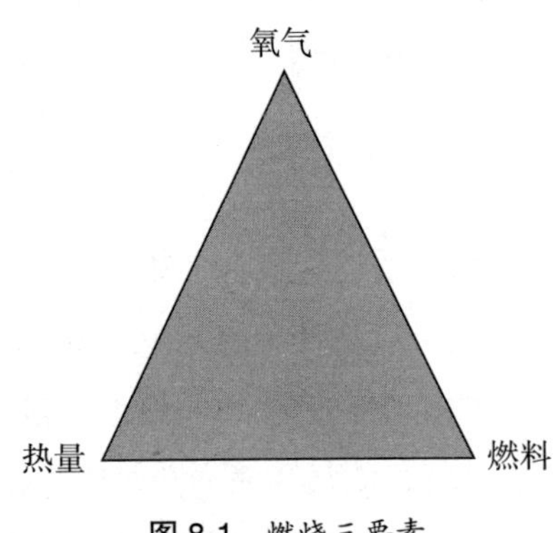

图 8-1 燃烧三要素

就连日常生活中熄灭蜡烛这件事，其实也是遵循这个原理。当然，蜡烛的火是在我们控制范围内的。尽管吹蜡烛可能会引入更多的氧气，但氧气穿过灯芯的速度太快，无法持续支持燃烧。二氧化碳灭火器就是用不支持燃烧的二氧化碳代替火焰周围的氧气，这样火就熄灭了。还有一种“消灭”氧气的办法是“闷熄”，也就是发现小的火情后，立即用毯子覆盖以断绝火焰周围的氧气。不过，更大的火情则需要借助泡沫灭火器，不易燃的泡沫可以将燃料和氧气分隔开来。在加油站、机场燃油泄漏的情况下，最常用的工具就是泡沫灭火器。在这种情况下，水是灭不了火的，因为水和燃料无法混合，只能使火灾更加分散。

火灾产生的原因通常有三个：自然原因、意外原因和蓄意原因。自然原因中最典型的例子就是由雷电引起的火灾，而意外原因中最常见的则是由生活中电器的超载或故障引起的火灾。蓄意原因也称为主动放火，但并非所有的主动放火都是纵火。例如，秋天到了，我们可能会点燃一堆树叶，这就是主动放火，但我们的初衷并不是烧掉谁家的房子或犯下其他罪行，所以这种放火行为与放火罪[1]是两码事。火灾原因是由火灾现场调查员进行调查后确定的，调查员们经过专业的培训，有多种办法可以找出导致火灾发生的原因。火灾调查的结果通常要么是自然起火，要么是意外，如果二者都可以排除，那就一定是人为蓄意的。

火灾现场调查

火灾现场调查是一个困难、危险、枯燥的过程。通常情况下，调查人员到达现场时，火灾已经发生了。建筑物里里外外被浸透了几吨的水。地板和墙壁（特别是木质的）可能会因火灾而岌岌可危，随时有坍塌的危险。如果火灾特别具有破坏性，建筑物的高层部分可能已经塌陷，大量坍塌物会堆积在低层部分。

确定火灾原因的关键是找到起火点。如果火灾属于意外，比如由发生故障的家用电器引起，那么起火点一定在家用电器处；如果引起火灾的原因是有人在沙发上睡觉时吸烟，那么很有可能沙发就是起火点。如果有人用汽油蓄意放火，那么起火点一定是汽油浇泼的位置。火燃烧的方向通常是向上的，因为火焰和排出气体的密度在室温情况下低于空气，因此它们会携带燃烧产生的大量热量不断向上。蓄意放火极有可能始于楼层底部，因为放火者很可能利用火的这种特性想要制造最大的伤害。而且，他们也不愿在火灾发生后将自己困在高层之上，断了自己的退路。火灾对建筑物的严重破坏可能会导致较高楼层倒塌到下面的楼层，而起火点则有可能完全被坍塌的碎片掩埋，因此调查人员必须小心地逐层移除废墟，尤其是在夜晚及潮湿的环境中。

虽然在火灾现场可以发现许多线索帮助调查员发现起火点，但这些线索并不总是可靠的，有的甚至会误导调查员。起火点通常就是火灾初始阶段发生最剧烈燃烧的位置，火势会从那里蔓延开，形成特有的“V 字形”燃烧痕迹。如果次生火灾已经发生，在别处也许也会看到同样的痕迹。起火点处的剧烈燃烧可能会导致混凝土碎裂、起泡或出现裂缝，或者使现场的玻璃以特殊的形态破裂。

如果起火点是炉子或者其他家用电器，则有必要确定它在起火时的状态是正常工作还是处于故障之中，以及这种故障是意外的还是人为造成的。我们应该能想象到，火灾中的家用电器极有可能遭受到了各种损坏，所以调查它们的故障绝非易事。火灾现场调查员可以请求其他专家，如设备的经销商来查验故障，但这通常无法成为判断火灾是否由家用电器引起的决定性意见。

事实上，燃料在固态和液态时不会轻易发生燃烧，必须得先有足够的热量。对纸或布而言，短时间内产生充足的热量可能没有问题，但对大块木材、瓷砖地板、墙面灯材料而言，这可能就没有那么容易了。加速燃烧或导致材料燃烧的一种方法是使用助燃剂，即用一种极易燃烧的液体燃料为其他燃料的蒸发或燃烧提供所需的能量。截至目前，最常见的助燃剂是汽油，除此以外还有木炭点火油、油漆稀释剂和营火炉燃料。检测助燃剂的方式有很多。首先，现场可能残留有发生剧烈燃烧或火势蔓延路线的痕迹。其次，助燃剂中的一些物质可以用先进的“嗅探”仪器检测出来，如汽油中的碳氢化合物等。值得一提的是，最敏感的助燃剂“探测行家”是训练有素的消防犬。[1] 它们能以极高的灵敏度和准确性嗅出火灾现场中可能性最大的碳氢燃料。大型消防部门在调查过程中大多使用消防犬协助调查。

确定火灾是否由人为因素引起的关键第一步是排除自然原因和意外原因。同时，寻找起火点也至关重要。虽然我们可能有很多线索，但其中总有一些能提供有用的信息。调查火灾的原因和性质是火灾现场调查员义不容辞的责任。除了物理证据以外，他们还必须考虑其他所有的证据。推断火灾为蓄意人为的常见因素包括以下几点：

◎ 助燃剂的痕迹：起火点的轰燃痕迹通常表明有助燃剂存在。如果可以收集并保存足量证据，法医化学家可以进一步确定助燃剂的类型。由于助燃剂释放大量的热量，强烈的局部热损害也是证明它们存在的明显信号。然而，调查员必须小心，不能仅凭助燃剂燃烧痕迹就武断地得出结论，因为许多人家中储存了汽油、灯油或其他燃料，如果火灾蔓延到这些燃料的存储容器，也可能会产生相应的燃烧痕迹。因此，即使在意外或自然火灾中，助燃剂痕迹也仍然可能存在。

[1] 在放火案件中，有 80% 的犯罪嫌疑人都是使用汽油、柴油、煤油、酒精以及其他助燃剂，这些助燃剂本身就具有气味可辨别性的特点，因此，警犬技术完全可以应用到火灾事故调查放火案件的侦破中。

◎ 火势蔓延路线：火势蔓延经过的各个区域的次序也是有迹可循的。从一处到另一处的蔓延路线就是浇泼助燃剂的路径，火势会顺着这个路径立刻蔓延到各个区域。因此，我们可以说，发现了火势蔓延路线也就意味着有人为放火的可能。

◎ 多处起火点：企图造成火势快速蔓延的另一方法是设置多处起火点，尽量同时点火。这个标志几乎可以构成放火罪的认定。不过要注意，线路短路起火的情况也有可能产生类似的痕迹，因为建筑物墙壁内部的线路各位置有可能在短时间内因为过载或短路而相继快速起火。

◎ 大量黑色烟灰：大量黑色烟灰可能提示汽油或柴油等碳氢化合物燃料的燃烧。黑色烟灰的量越大，说明燃料的量越大，这也能够被认为是蓄意人为放火的痕迹。

如果火灾现场调查员经证据怀疑有人纵火，并找到了起火点和火势蔓延路径，那么他就可以收集火灾现场的一些残留物带回实验室进行分析。从火灾现场带回的检材必须置于密闭容器中，以免可能存在的助燃剂挥发。如果一时没有专用的密闭容器，不用的油漆罐可作为代替。实验室的主要任务则是从残留物中分离出残余的助燃剂，并对其进行具体识别。稍微加热残留物会使部分助燃剂蒸发，这时可以使用气密注射器提取助燃剂，并通过气相色谱对其进行分析。火灾现场调查员在对火灾性质做出结论时将使用这些证据。只发现一种助燃剂，尤其是生活中常见的助燃剂，如汽油等，不足以证明火灾是蓄意人为的。同样的道理，即使没有助燃剂，也不能完全排除人为纵火的可能。因为有可能在放火过程中，放火者并没有使用助燃剂，但在火灾现场存放的燃料在燃烧之后产生了类似的痕迹，这种情况很容易误导调查员的判断。

爆炸

爆炸与火灾很相似，但破坏性更大，有时火灾过程中会伴随有爆炸的出现。当我们开枪射击时，弹筒内的“爆炸”会发射子弹，虽然这个过程看上去像是爆炸，但实际上只是在密闭空间内发生的燃烧现象。如果一种燃料，如汽油等，被限制在一个密闭空间内，点火后气体就会产生压力直至容器破裂。许多人会认为这也是爆炸，但它仍然只是发生在密闭空间内的燃烧。在现场附近的人看来，这是一个“没有区别的区别”，因为它看上去实在是像极了爆炸。

然而，对法医化学家而言，封闭空间的火灾和爆炸之间有着重要差异。除了核爆炸之外，化学意义上的爆炸与火灾一样，属于燃烧。但二者的差异在于，一定量的燃料释放了多少能量，以及氧气与燃料混合的程度如何。爆炸通常分为两类：爆燃和爆轰。爆燃是一种快速燃烧，会造成巨大破坏，并且常与中等强度的爆炸物有关。而爆轰本质上来说，是一种在极短时间内释放出大量能量，产生高温，并放出大量气体的化学反应。爆轰的强大程度足以使生成的气体以大于 1 马赫[1]的速度（声速）行进。这种爆炸物被称为高爆炸药，它以这样的力

[1] 马赫是表示速度的量词，通常用于表示飞机、导弹、火箭的飞行速度。1 马赫相当于 340.3 米/秒。

量推动周围的空气，使其能够摧毁建筑物并震起大量泥土。高爆炸药有两种类型：起爆药和非起爆药，或称作初级炸药和次级炸药。起爆药对爆炸非常敏感，最典型的例子就是硝酸甘油。这种糖浆状的液体非常敏感,以至于轻微的震动或下落都会引起爆炸。而所谓的非起爆药，如炸药或梯恩梯，则需要传爆管才能发生爆炸，如季戊四醇四硝酸酯。

高爆炸药经常因一些专业用途被人们改造，其中的重要进展之一是塑性炸药的诞生。塑性炸药将季戊四醇四硝酸酯或其他高爆炸药与聚合物塑料混合以达到黏土的稠度，以便将它们模制后以特定方式引导其爆炸。塑性炸药大多用于拆除大型建筑物，只需要几千克高爆炸药就可以将一座大型建筑物摧毁成废墟。

简易爆炸装置

我们在新闻报道中经常能看到战争地带发生的炸弹袭击事件。其中一些炸弹威力巨大，造成极大的伤害。还有一些炸弹便于携带隐藏，绑在恐怖分子身上就成了“人肉炸弹”。这些制造爆炸的恐怖分子不但炸死了自己，也杀死、炸伤了周围无辜的人群。尽管他们的炸弹有的比较复杂，但绝大多数都是简单的自制装置，我们把这种装置称为简易爆炸装置。大多数简易爆炸装置都是由低爆炸药制成的，如无烟火药等，个别情况下也有用高爆炸药的。

爆炸残余物的分析

炸弹爆炸会产生两个阶段的伤害。第一个阶段是正压阶段，在该阶段，炸弹产生高热量和高压力，迅速加热周围空气，并持续增加压力。空气、生成的气体以及炸弹碎片从爆炸原点高速飞向四面八方，急速膨胀的高压气体会对爆炸范围内的物体造成震荡性破坏。将热空气和生成气体从爆炸原点高速推离后，爆炸原点处会产生部分真空，当空气高速回冲填充真空时，这就产生了第二个阶段——负压阶段。这种冲击性极强的空气会对爆炸范围内的物体造成进一步的破坏，并且可能会裹挟爆炸远处产生的碎片回冲到爆炸原点。因此，爆炸的正压阶段和负压阶段可能导致炸弹产生的各种碎片散布于较大区域内。

爆炸现场的主要证据是那些未爆炸或部分燃烧的爆炸装置残余物及碎片。与火灾一样，寻找炸弹证据的最佳地点是原点。尽管爆炸可能已经震飞了大部分炸弹碎片，但通常我们仍能在炸弹原点发现最高浓度的化学物质。同火灾一样，原点可能掩埋在大量瓦砾堆下，需要小心移去许多层坍塌物来定位爆炸原点。爆炸残留物分析有时会特别困难，因为证据难以定位并不易与其他材料分离。炸弹碎片可能散落在极远处，并与泥土或其他碎片混合在一起，不易被发现。不受控制的爆炸造成的破坏极有可能是无法预测的。

1993 年纽约世界贸易中心的爆炸事件为我们提供了一个典型案例，显示了爆炸证据收集方面的困难。该案中的爆炸物是硝酸尿素炸药，这是一种低爆炸药，其特性与硝酸铵和柴油的混合物相似。超过600 千克的硝酸尿素被放置在一辆面包车上，恐怖分子将车停放在其中一个贸易中心塔下的地下停车场内，随后远程引爆炸药。恐怖分子希望爆炸可以摧毁建筑物的地基，导致建筑物倒塌。虽然这一可怕的企图未能实现，但位于爆炸原点的停车场大部分建筑结构都发生了坍塌。调查是一项为期好几个月的艰苦工作，调查员们需要清除逐层叠加的废墟以探寻爆炸原点。终于，他们在爆炸原点发现了卡车残骸和炸药残余物，并确定了炸药为硝酸尿素。

寻找爆炸装置的部件也同样意义重大，尤其是在调查恐怖袭击爆炸案时。绝大多数恐怖袭击炸弹都是自制装置，而恐怖组织每次又都倾向于使用同样的技术。因此，即使是引爆炸弹设备的小部件，也可以提供关于谁制造炸弹或炸弹是如何制造和引爆的重要线索。因此，定位未燃烧的爆炸物就变得非常重要，我们可以通过仪器和其他方法直接分析这些材料，并最终确定爆炸物。在大量瓦砾废墟中搜寻设备碎片是一项费时费力的工作。在许多爆炸案中，我们必须对大量残余物，甚至包括泥土，进行物理筛选，以发现引爆装置和碎片的微量证据。这是一项极其单调烦琐的工作，但可以为调查事件的科学家们带来丰富而重要的信息。

炸药在爆炸过程中会分解为碎片甚至是颗粒，这让我们一时难以立刻识别或分析。许多炸药含有带氧的亚硝酸盐，如二氧化氮，或者硝酸盐，如三氧化氮。黑火药含有硝酸钾，无烟火药含有硝酸甘油，炸药也如此。对爆炸残留物的普通测试叫格里斯测试，可以用来寻找化学残留物中的硝酸盐。格里斯测试的使用必须非常小心谨慎，因为泥土中含有许多硝酸盐，一些来自天然物质，一些来自肥料，还有一些来自除草剂和其他物质，由此这很容易导致误报结果。未爆炸的炸药颗粒有时比爆炸残留物更容易识别，因为许多固体爆炸物的晶体具有特殊形状，可以在显微镜下轻易识别。所以，如果寻获未爆炸的炸药颗粒，就可以用它们进行进一步确证。

炸弹爆炸装置碎片的寻找和分析，与分析炸药本身同样重要。如果发现爆炸装置显得非常“专业”，这样做的意义就更为重大。相对而言，能够组装复杂爆炸装置的人毕竟是极少数，大多数人其实都还是“遵循习惯的生物”，这就是说，即使是恐怖分子，他们每次制造的炸弹都是使用相同或相似类型的装置和雷管。因此，对专业的法庭科学家而言，爆炸装置或炸药碎片能够提供至关重要的信息，甚至他们能够从中识别出制造者或提供材料的人。

广义来讲，火灾和爆炸属于相同类型的化学反应，即燃烧。燃烧是在有充足活化能（热量）存在的情况下，使含能物质（燃料）与氧发生化学反应的现象。由于氧气存在于燃料周围的空气中，所以燃烧相对缓慢。如果氧是燃料中的化合物的一部分，如无烟火药，则该混合物属于低爆炸药，这种情况的燃烧是爆燃。尽管这些爆炸并不像其他爆炸那样强大，但如果发生于封闭的空间内，它们会造成严重的破坏。如果带有氧的化合物结合到燃料分子中，如硝化甘油或三硝基甲苯，则燃烧反应几乎是瞬时的，这就是爆炸，这种燃料属于高爆炸药。一些高爆炸药极度敏感、威力惊人，而其他一些炸药则需要另一种爆炸物，即起爆药来启动爆炸。

火灾发生的原因有三：自然原因、意外原因和蓄意原因。如果放火带有危害公共安全的犯罪目的，则应归为放火罪。火灾现场发现助燃剂和明显的火势蔓延路径是推断人为放火的重要标志。与调查火灾一样，爆炸物和爆炸装置的具体判定首先取决于定位爆炸原点。如果可以寻获完整的爆炸性颗粒或爆炸装置的碎片，我们就有可能识别爆炸物。

在下一章，我们将一起讨论微量证据。毛发、纤维和油漆具有一些可归类的相似化学特性，对它们的分析方法也有一些共同点。这三种证据，尤其是毛发和纤维，都比较容易从一个表面转移到另一个表面。这种“转移”的特性可以帮助我们还原犯罪过程，将个人或物体与犯罪建立起关联。

要点总结

1. 火灾原因是由火灾现场调查员进行调查后确定的，结果通常要么是自然起火，要么是意外，如果二者都可以排除，那就一定是人为蓄意的。
2. 确定火灾原因的关键是找到起火点。
3. 爆炸通常分为两类：爆燃和爆轰。爆燃是一种快速燃烧，会造成巨大破坏，并且常与中等强度的爆炸物有关。而爆轰本质上来说是一种在极短时间内释放出大量能量，产生高温，并放出大量气体的化学反应。
4. 爆炸现场的主要证据是那些未爆炸或部分燃烧的爆炸装置残余物及碎片。与火灾一样，寻找炸弹证据的最佳地点是原点。尽管爆炸可能已经震飞了大部分炸弹碎片，但通常我们仍能在炸弹原点发现最高浓度的化学物质。

信息延伸

1. 通常，故意放火烧毁公私财物，严重危害公共安全的行为，就构成了放火罪。由于行为人的过失而引起火灾，造成严重后果，危害公共安全的行为，就构成失火罪。参见周军．放火罪和失火罪．湖南消防，1997，(1): 33-34。

9 毛发、纤维与涂料

FORENSIC SCIENCE

A BEGINNER'S GUIDE

“亚特兰大儿童连环谋杀案”是如何利用毛发和纤维破案的?

动物毛发与人类毛发有哪些差异?

纤维形态的特征有哪些?

一般的汽车涂料分为哪几层?

1982年，韦恩·威廉姆斯（Wayne Williams）在佐治亚州亚特兰大市被陪审团裁定为谋杀吉米·佩恩（Jimmy Payne）和内森尼尔·卡特尔（Nathaniel Cater）的凶手，判处终身监禁且不得假释。根据威廉姆斯的供述，检察官将其他22名青年男子遇害的谋杀案与该案合并结案，这就是引人注目的“亚特兰大儿童连环谋杀案”。这起案件有许多世人关注的焦点，但最让人惊讶的是，这是一起完全通过间接证据定罪的连环谋杀案。这起案件没有目击证人、没有指纹，也没有其他证明凶手身份的证据，更不要提在当时DNA分型技术尚未诞生。给威廉姆斯定罪的证据主要是从犯罪现场及被害人身上发现的狗毛与其家养的狗的狗毛一致，提取到的纤维则与其办公室内和汽车后备厢中的毛毯纤维一致。

此案的告破完全依靠间接证据，因此被人们认为是美国历史上最重要的判决之一。此案的一个特点是，美国联邦调查局的法庭科学家和调查员通过检测分析，判定了凶手威廉姆斯办公室地毯纤维的常见度。经分析，这些黄绿色纤维非常少见，且与某些被害人身上发现的纤维完全一致。这就意味着凶手的办公室地毯极有可能就是犯罪现场发现的纤维的真正来源。

毛发与纤维：最理想的微量物证

微量物证是指任何数量极少的、需要用显微镜检查的证据。微量物证之所以称为“微量”，是因为证据数量实在太少，以至于采样都需要格外小心。微量物证的另一个特点是，通过接触它们容易从一个物体转移到另一个物体或人身上。因此，利用微量物证的这个重要特点，我们可以找到证据源头。现在,已有许多针对各种类型微量物证的研究，其中关于毛发和纤维的研究成果较为突出，尤其是转移特性和持久性的研究。案件的具体情况往往需要科学家们不仅要确定物证的物理和化学特性，还要确定其来源。毛发和纤维等微量物证也是这样，它们通常很容易脱落，并且会通过直接或间接的接触从一处转移到另一处。在一些案件中，这种转移可能会发生多次。物体表面携带毛发或纤维的牢固程度决定了微量物证可能出现的范围和距离。微量物证的“旅行”可以为科学家了解犯罪是如何发生的提供极为有价值的线索。

毛发

毛发是表皮的外生物，位于皮肤外层，是哺乳动物独有的特征。毛发源自表皮中的毛囊，并由此向外生长，它从黑色素颗粒中获得原生颜色。黑色素是一种生物色素，由特殊的细胞，即黑色素细胞生成并且储存在其中。在毛囊中，有两种类型的黑色素，一种是深褐色的，另一种颜色较浅，几乎是金色的。在人类基因的影响下，这两种类型的黑色素以各种形式组合和分布，从而在人群中产生自然的不同的发色。黑色素颗粒分布在头发的中间，即皮质层。染发时，黑色素不吸收染料，染料只是相当于“涂”在头发的表面。

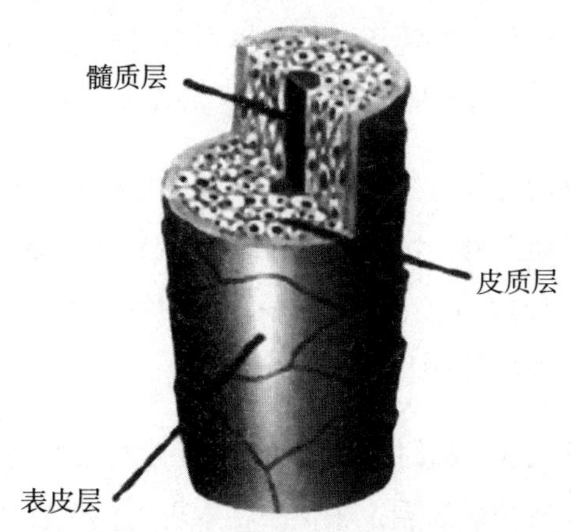

图 9-1 人类毛发的横截面结构

毛发既不是分布均匀的实心物质，也不是中空的“管子”。在某种程度上，它很像一支铅笔。铅笔的最外层是油漆，中间有厚厚的一层木质材料，最里层是石墨。如图 9-1 所示，毛发也有三层，最外层称为表皮层，由角质细胞构成。所谓的角质细胞就是构成我们手指甲和脚指甲的物质。角质很坚硬，也不容易发生化学反应。例如，豪猪坚硬结实的“刺”就是由角质构成的，它们甚至变成了保护自身的武器。但我们人类毛发的表皮层的角质则非常“微”和“薄”，呈鳞片状层层重叠生长，就像是屋顶的瓦片一样。

毛发的中间层称为“皮质层”，由纺锤形细胞组成。皮质层在人类毛发结构中是最厚的一层，占据了整个毛发直径的一半以上。黑色素颗粒就分布在整个皮质层中，分布的形式不是均匀间隔，而是以团块的形式存在。黑色素颗粒的大小、形状和分布因人而异。

毛发的最里层称为髓质层，是人体中半径最为狭窄的结构。我们头发的髓质层有时连续出现，有时则部分缺失。

大部分动物的毛发分为三种类型。通过显微镜对比，我们可以发现，针毛通常又粗又硬，绒毛通常没有足够丰富的特点，因而我们不易通过绒毛来区分动物皮毛。还有一部分毛发，我们称之为须毛，须毛也不具有明显的区别特征。

在显微镜下观察，我们可以发现动物毛发与人类毛发有很大差异。首先，人类毛发的角质层看上去似乎不太规则，而且有我们之前提到过的“屋顶瓦片”一样的重叠效果，而动物毛发的角质层则相对比较有规则和特定形态，并且动物毛发的角质层相对于其他毛发更厚一些。其次，动物毛发的髓质层也比其他毛发更粗。例如，人类毛发的髓质层还不及毛发直径的三分之一，而动物毛发的髓质层则超过其毛发直径的一半以上。许多动物毛发的髓质层连续性好，看上去也较为厚实，而人类毛发的髓质层则时断时续，甚至有个别部分缺失。例如，人类熟悉的猫和老鼠的毛发的髓质层有比较好的堆叠效果，就像一堆餐盘或一串珍珠；而鹿的毛发的髓质层则像是精细的格子，比较有规则。

毛发证据的收集和比对

通常，在一个典型案例中，犯罪嫌疑人或被害人的毛发都有可能在犯罪现场中找到。我们对毛发进行检验鉴定的目的，就是确定未知来源的毛发是否可以与已知来源的毛发建立关联。除了个别不同寻常的情况，毛发一直都属于类别证据。现有的科学水平还无法达到通过检测未知毛发就可以直接实现个体识别或得出确证结论的目的。此外，即便已知毛发和未知毛发在结构特征方面相似，我们也无法直接计算两种毛发出自同一来源的概率。另外，目前我们还不能根据毛发情况或毛发各个层次（表皮层、皮质层、髓质层）的情况对其进行明确的分类。头发的特征变化是较为持续的，并没有那种独特到个体的类型。

与其他证据类型一样，收集毛发的已知样本非常重要。在大部分案例中，在犯罪现场留下的毛发，包括头发和阴毛，都有可能成为有价值的证据。不过同样重要的是，我们需要足够多的头发和阴毛的已知样本，将样本与潜在证据进行比对。通常，进行毛发比对时，至少需要 24 根，50 根可能更为理想。毛发必须经过梳理并且拔下，以确保它们能代表个体毛发的整个生长阶段。如有必要，收集已知样品时，还必须收集那些经过染色、编织、漂白、变灰的毛发。来自头部或身体其他部位的毛发，具有毛发形态特征的种种自然变化。有时，一个人头发的变化程度甚至超过两个人头发之间的差异。所以，收集足够多的已知样本，才能保证对毛发变化的了解程度以及毛发检验的顺利进行。

检验毛发时，首先要将它置于显微镜载玻片上并浸入液体中，这样分析员便能够透过表皮层看到毛发的内层。表皮层具有约 1.50 的折射率，也就是光在头发内减慢的程度，所以可以使用类似于甘油的这种折射率比较合适的液体。显微镜应能提供 25~200 倍的放大倍数，但如果有比较显微镜，将未知毛发与已知毛发同时进行观察，则效果更为理想。如有条件，可将毛发检材和已知样本的鳞片状形态拍照记录下来。毛发分析员有一套图表，专门记录检材和已知样本的各种数据。虽然没有收集数据的统一标准，但分析员通常会收集关于毛发的长度、直径、颜色、染色、可能有的疾病以及质量情况，同时还有关于毛根、毛干和毛尖的具体信息。毛发髓质层的信息，如直径、连续性和颜色等要特别注意，同时还要关注皮质层黑色素细胞的颜色及组织结构特征。

在比对未知毛发检材和已知毛发样本的基础上，毛发分析员可以得出三种可能的结论。如果检材和样本间有充足的共同特征，并且没有无法解释的显著差异，那么毛发分析员便可以得出结论，认为检材可能与样本来自同一来源；如果样本和检材比对后显示，一组毛发内的显著差异超过了正常变异范围，则应推断样本与检材不可能来自同一来源；如果样本和检材间存在某些相似之处，但同时也存在一些细微变化，则可得出无法关联的结论。

即使没有毛发的已知样本与未知检材进行比对，通过分析未知检材也同样可以获得大量信息。例如，我们可以定期测定头发的颜色以及是否染色或漂白。染发更像是给头发用涂料上色一样，而漂白则是洗掉黑色素颗粒中的大部分或全部颜色。不过，越是缺少比对的样本和分析数据，我们就越要小心，不要随意得出轻率的结论。例如：

◎ 年龄：通过检查毛发无法直接判断年龄。头发是灰色或白色的并不意味着这个人就一定是老人。事实上，唯一可以根据毛发判断年龄的是新生婴儿的胎毛。

◎ 性别：在一段时间内，也许是 20 世纪 60 年代之前，人们可能很容易得出这样的结论：长发肯定是女性；如果有发胶或染发，那肯定是女性。今天，这些特征都不能通过毛发的外观直接进行断定。唯一可靠的是对毛发进行 DNA 分析，查看男性染色体是否存在。

◎ 种族：如果某个人有相当纯的某一种族的血统，他的头发就会出现某些种族特征，如头发直径、横截面形态、角质层厚度和色素分布等。但随着跨种族婚姻的频繁发生，现在这些特点往往变得不那么明显，以至于很难通过毛发直接进行确证了。

由于毛发比对的难点较多，而得出的结论又往往难以做到个体识别，因此近年来对毛发在结构形态方面进行比对的工作明显减少。现在，美国许多法庭科学实验室甚至停止了毛发分析。但这样做非常不明智。正如我们所看到的，毛发比对仍然可以帮助我们获取大量极其有价值的信息。只要分析得当、解释客观，毛发分析绝不可能造成冤假错案。

DNA 与毛发

与其他任何生物性检材一样，头发中含有 DNA，但核 DNA 只能在头发的根部发现。如果头发自行脱落或被拔除，发根通常会完整存在，有时甚至还可能附带着毛囊。在这种情况下，我们便可以从毛发根部提取、扩增和分析核 DNA。但如果毛发从中间切断或者没有从根部脱落，则不会含有核 DNA，只含有线粒体 DNA。核 DNA 可以将毛发与特定个体高度确定地关联起来，相当于个体识别，但线粒体 DNA 无法做到个体识别。

纤维

在某些方面，纤维的特征就像头发一样。法庭科学实验室的微量证据分析员对二者都能够进行分析。与头发一样，纤维常以松散的单股形式出现，并且很容易脱落并转移到另一个个体或物体身上。纤维可以跟随它的“新主人”相当长一段时间。与头发一样，纤维也属于类别证据，也就是说，单根纤维无法与特定的物体建立关联。

纺织纤维

纺织纤维非常普遍，广泛用于制造服装、汽车座椅、地毯、家具以及其他材料。目前,大多数纺织纤维都是合成纤维。根据织物的特性，纤维比较容易脱落。当人们接触到其他人或物体时，纤维可能会附着在物体或人身上，在人与人之间进行“交换”。一旦发生转移，纤维可能会在短时间内保留在接收物表面至少几个小时。纤维可以是非常重要的证据，因为它们很容易发生转移现象，由此可以帮助我们确定一系列事件是如何发生的。另外，纤维通常是为特定用途生产的。例如，地毯由具有最适合该用途的特殊性质的纤维制成，因此找到特定类型的纤维就可以追溯到源头。纤维由数千种染料和颜料制成，因此有各种各样的颜色和色调。这意味着，我们很难找到一对完全一致、具有相同微观特征和颜色特性的纤维。

对纤维进行比对检验的关键点之一就是形态。如果犯罪现场的纤维来自特定的织物，则已知样本和未知纤维检材的结构和形态必须一致。纤维形态的特征包括：

◎ 类型：类型是纤维最重要的特征。分析员必须使用标准分类体系对纤维进行分类。许多测试都有助于确定纤维类型。

◎ 尺寸：纤维的直径范围为 10~50 微米。天然存在的纤维以微米计量，合成纤维则通常以“旦尼尔”来测量。它们的质量以 9 000 米长，重 X 克为单位。更密的纤维具有更高的旦数。

◎ 横截面：并非所有的纤维都是圆形。例如，许多地毯纤维是三叶形或双叶形。合成纤维横截面可以是数百个横截面形状之一。横截面可能会为我们提供关于纤维最终用途的线索。

◎ 颜色：许多天然纤维是白色或棕色的。它们可以被染色或直接在织物上印花、着色，而在染色之前通常会先漂白。已经染色的单根纤维在显微镜下通常具有均匀的外观，而已印花的纤维则可能颜色不均匀。

纤维分析

在犯罪现场发现单根纤维时，我们可将其与一系列测试中已知来源的服装纤维样本进行比对。即使所有的测试对样本和未知检材都产生了相同的结果，也不意味着已知的服装样本就一定是检材的来源。这只能说明这件衣服可能是检材的源头。因为纺织品的大规模生产，使成千上万的服装都无法完全排除成为未知检材来源的可能。

纤维的两种基本类型，即天然纤维和合成纤维，有不同的分析方法。天然纤维包括动物的毛发和棉花等植物。仅通过显微镜分析，我们就可以确定纤维的结构和形态，并确定具体的类别。一旦纤维被鉴定为天然纤维，纤维分析员则很少再分析形态之外的内容。与头发和天然纤维一样，合成纤维的形态特点也可以用于比对和识别。低功率和高功率的显微镜都可用于观察纤维的长度、直径、横截面和旦尼尔数。合成纤维的化学结构差异很大，单说尼龙就有几十种不同的类型。许多分析测试可以帮助我们进一步确定合成纤维中存在的聚合物类型。

绝大多数纺织纤维在生产过程中会被染色。确切的颜色是纺织纤维的重要特征之一，我们通过颜色可在纤维检材和已知样本间进行比对。尽管肉眼也算是一种“颜色鉴别器”，但必须注意，肉眼观察非常主观。更何况，我们的肉眼观察常常会被照明情况所限制和迷惑，并且肉眼观察的分析结果不足以被当作法庭采信的证据。

毛发和纤维的转移及持久性

一名穿着红色腈纶裙子的年轻女孩被绑架者推上车挟持而去。后来，她被警方营救，绑架者被捕，汽车被扣押和搜查。前排乘客座椅和车身地板上有一些红色纤维，但与组成汽车座椅和地毯织物的特征完全不同。将提取到的红色纤维与女孩的裙子进行比对，发现所有测试结果都高度相似。尽管这些纤维不能与服装完全匹配，但它们是极有说服力的间接关联证据。尽管无法得知准确的时间，但分析员通过检测分析提供的证据可以得出结论，这个女孩当时就在那辆车上。

毛发和纤维这种较易发生转移的特性，能够使它们从一处被无意中携带至另一处，并且往往会持续一段时间。这使得它们可以成为非常有说服力的证据，有时重要性甚至超过了案件中的其他证据。它们从一处到另一处的“旅行”过程能够让法庭科学家发现非常重要的犯罪前、犯罪期间和犯罪后的全部踪迹。微量物证的转移能够以多种形式发生。它们可以从衣物上自然掉落在另一物体表面，也可以被其他人或物的偶然接触蹭掉，还可以被其他人或物以长时间接触或极其暴力的手段强行脱离原位。这些都有可能成为微量物证的转移方式。

以纤维为例，纤维从源头直接转移到另一个表面，称为“初次转移”。平均而言，一次转移中大约一半的纤维会在约四小时内离开该表面。纤维通过接触再转移到另一个表面，则称为“二次转移”。同理，再次发生的转移叫作“三次转移”，以此类推。我们可以对其举例说明：如果有人穿了一件红色腈纶毛衣坐在汽车座椅上，那么一些纤维将首先转移到汽车座椅上。当这个人离开汽车时，一些纤维保留在了座椅上。如果另一个穿黑色西装的人坐进车里，第一个人毛衣上的部分红色腈纶纤维将被转移到黑色西装上。相对于红色纤维的原始来源而言，这是二次转移。当穿着黑色西装的人离开汽车坐在沙发上时，一些红色的腈纶纤维可能会再次转移，即三次转移。当然，经过多次转移，检测纤维的价值和意义就越来越小。人类和动物的毛发也有相同的转移过程，而且一些密度更高的材料，如玻璃等也有可能从一个地方转移到其他地方。但如果碎片过重，则有可能在转移之前或中间，它就掉到了地上。

涂料及类似材料

这类微量物证包括涂料[1]及其他相似性质的材料，如清漆、塑胶等。这些物质主要由聚合物构成，其中许多特点与纤维类似，但这类材料有能够形成二维薄膜的交联聚合物。涂料是此类中最常见的证据之一。本节的大部分内容将专门讨论涂料的微量物证分析。

涂料化学是工业化学中最复杂和最困难的学科之一。许多涂料化学家可能要花费整个职业生涯来了解各种涂料的工作原理。但在本书中，我们将涂料简单定义为一种用于装饰或防护目的的漆涂材料，它主要由两部分组成：颜料和成膜物，也称为黏合剂，其他成分的作用则是帮助其干燥、延展、变厚或变薄、变得光亮或无光泽、可水洗或持久不变等。颜料和黏合剂几乎可以在所有涂料中找到，而其他成分则需要进行具体的添加和配制。

为了更好地理解涂料的性质，我们有必要复习一下溶液和悬浮液之间的区别。溶液是由至少两种物质组成的稳定的混合物，被分散的物质（溶质）以分子或更小的质点分散于另一物质（溶剂）中。只要存在足够的溶剂，溶质就会保持溶解状态。例如，如果将一些食盐倒入水中搅拌起来，盐会溶解在水中，除非水分蒸发，否则它会一直以溶解状态存在于水中。两种液体的混合也有可能产生溶液，如商业防冻剂是丙二醇在水中的溶液，家用漂白剂则是浓度约为 10% 的次氯酸钠水溶液。另外，还有一些气体也溶于水。例如，二氧化碳溶于水就变成了碳酸水。因为所有气体都可以按照一定比例发生溶解，所以有时溶液甚至是气态的，即气态溶液。

一些固体被添加到液体中，呈分散状分布但不发生溶解时，我们将其称为悬浮液。在许多情况下，固体粒度很小，会在整个液体中悬浮。液体悬浮液并非永久性的，固体最终会沉淀下来并沉入液体底部，例如，牛奶中的脂肪和蛋白质其实是悬浮在水中的。血液既是溶液又是悬浮液，红细胞和白细胞悬浮在血浆中，但血浆本身就是一种溶液。涂料属于悬浮液，其中的颜料和其他悬浮固体的细碎颗粒会沉降到底部。如果我们打开过一个旧油漆罐，就会发现顶部是一层无色的液体，而颜料已经沉降到底部。如果我们剧烈搅拌颜料，颜料会再次悬浮在黏合剂中。当涂料涂覆到物体表面时，黏合剂内的聚合物形成一种会硬化的薄膜。悬浮的颜料颗粒将“永久悬浮”，至少与薄膜的存在时间相同，涂覆并着色于物体表面。

还有一些其他类型的涂料，例如我们常见的木材污渍，是溶解的染料，而不是悬浮的颜料。污点仅仅是表面的颜色，当溶剂蒸发后，染料被留下用以着色，其实并没有发生聚合物硬化这一过程。清漆中含有黏合剂，但通常不含颜料或染料。清漆的目的是涂抹和保护表面，但不会着色。

涂料类型

考虑到涂料分析作为司法证据的意义，我们通常根据涂料的用途对其进行分类，常见的涂料包括：

◎ 汽车涂料：汽车涂料是法庭科学中最重要和最常见的涂料。在各种犯罪活动中，汽车是使用最广泛的交通工具之一，很多交通事故也都涉及各种轿车和卡车。汽车表面总是涂有几层不同类型的涂料，它的分层结构给我们带来很多分析方面的挑战，但也提供了与其他类型涂料不一样的信息。

◎ 建筑涂料：建筑涂料是用于涂刷房屋等建筑物以及一些相关物体（如邮箱等）的材料，主要目的是保护基体和着色。最早的房屋涂料是油基油漆，它通常使用亚麻籽油作为成膜物。油漆溶剂通常是有毒的有机化合物，所以涂漆后，人们无法安全地进入房屋。今天，家用涂料基本上都是以水作为溶剂的乳胶漆。建筑涂料有时可用作证明入室盗窃的证据。

◎ 艺术涂料：艺术涂料是最古老的涂料种类之一，使用它的目的在于尽可能地使颜色保持长久。大多数艺术涂料由天然油和颜料制成。在鉴定艺术品真伪时，我们可以分析艺术涂料的成分及其年代，这可能会为我们提供重要的线索。

此外，还有一些特殊涂料专门用于保护、着色或其他目的，如用于着色和密封水泥地板的特殊涂料、用于道路和警告标志的荧光涂料，以及用于行人密集的公共场所中的防滑涂料。

涂料成分：颜料和成膜物

颜料通常是无机物，因为它的分子结构中没有碳。大部分颜料属于矿物质，或有矿物质成分。它们大多纯净、细致、有高度着色效果。

无机颜料不溶于有机黏合剂，而是悬浮于成膜物中，并通过刷涂成膜物黏附于物体表面。

成膜物又称为黏合剂，具有多种类型。历史上最古老的涂料层使用天然植物油作为黏合剂。数百年来，人类一直使用亚麻籽油，并且至今仍然将其用作艺术涂料的成膜物。亚麻籽油经过氧化后变得非常不容易干燥，有些艺术画的涂料可能需要数年的时间才能彻底变干。干燥后，这种成膜物就形成了一种非常坚硬和稳定的聚合物涂层。如果得到适当的保护，它可以保持数百年之久，这就是亚麻籽油一直用于艺术涂料的原因。

曾经有一段时间，植物油材料的涂料也被用于涂刷房屋，特别是房屋的外部。这些涂料同样需要很长时间才能干燥，并且完工后的清洁工作费时费力。必须先用松节油稀释涂料，才能清洁涂料的飞溅污点以及刷子。在科学家研发出乳胶漆之前，人们还一度使用过干性油这一类的涂料。这种涂料的黏合剂是溶解在一种溶剂中的。当涂料涂刷物体表面时，溶剂挥发，黏合剂结合颜料会形成一种聚合物。但干性油也有植物油上述存在的问题，而且干性油涂料中溶剂的蒸发极易产生有毒或具有潜在毒性的气体或物质。

时至今日，无论房屋内外，我们几乎全部采用乳胶涂料。乳胶的成膜物和颜料都悬浮在水溶液中。水分蒸发后，乳胶成膜物形成固化颜料的膜。由于乳胶漆溶剂是水，所以清洁飞溅污点、刷子、滚筒等非常方便快捷。乳胶漆可以做得非常稠，这样就可以减少挥动刷子或滚筒的次数，以最少的次数更快地涂刷物体表面。同时，乳胶涂料也比其他涂料产生的有害气体更少。不过，虽然乳胶漆更方便，但它们的耐久性和遮盖能力相对于油基涂料而言要低一些。

汽车涂料

大多数汽车有四层涂料[1]，一些豪华汽车有超过一层以上的“面漆”。在汽车上有两层防锈漆，也就是将汽车浸入液态锌池中进行电镀。之后，再次通过电镀喷涂来涂底漆。底漆颜料的颜色类似于面漆层的颜色，颜料中有特殊化学成分可以减少车身的腐蚀。接下来是面漆。面漆中含有金属或珠光颜料，赋予涂料独特的色彩效果，通常使用热固化的方法使其干燥。传统的面漆是聚酯漆或更昂贵的使用有机溶剂的磁漆，今天正在开发的汽车水基涂料则对环境更友好。最后一层油漆是罩光清漆。曾经只有最昂贵的汽车才会喷涂罩光清漆，但现在所有新车都有这道工序。罩光清漆是基于丙烯酸或氨基甲酸乙酯的材料，并且不含颜料。它增强了涂料的耐用性和抗紫外线耐光性。可以说，每层油漆的喷涂都为整个油漆工序提供了一层保护和相应的作用。如果对汽车油漆涂料进行横截面分析，我们就能看到这些涂料层。许多车主在事故后会重新涂漆或修理汽车，但汽车的不同部位有不同的涂层结构。我们可以利用汽车涂料的这种特点，从那些涉嫌撞车或犯罪的车辆中收集有价值的汽车涂料证据。

汽车涂料证据有两种类型：碎片和附着物。在发生碰撞时，油漆碎片可能会从汽车上掉落，并转移到其他地方。通常情况下，油漆碎

[1] 本小节遵循汽车喷漆工艺程序的约定俗成说法，将“涂料”翻译为“漆”，如“底漆”“中途底漆”“面漆”等。

片包含了油漆的大部分或全部涂层，因此能为我们提供最多的分析信息。从汽车表面提取油漆涂层样本的方法有很多种，如果有结构完整的碎片松动，我们可以将其轻撬下来；如果没有可利用的碎片，我们可以使用锋利的手术刀或者小刀对其进行切取。切取时，必须保证足够的深度，切到并收集所有涂层。涂料附着物比较难以收集和分析，因为它只包含汽车涂料最外层的物质。而且，当外漆为透明涂层时，我们很难发现发生转移的涂料附着物。当汽车侧面与他车发生剐蹭时，车体间经常会发生这种外漆转移的情况。当剐蹭对象也是汽车时，来自两辆汽车的油漆可能混合在一起，这种情况下，分析和检验这种附着物就难上加难了。

从汽车表面收集涂料作为已知样本的方法非常重要。与绝大多数物证一样，当我们可以将未知检材与已知样本进行比对时，涂料分析也非常具有价值。收集已知样本时，提取所有涂料涂层非常重要，同时，收集汽车涂料的位置也非常重要。一般来说，汽车撞击外物或被外物撞击时，外物可能已经进入油漆涂层，或者如果外物同为汽车时，撞击可能会导致双方车辆的外漆相互混合掺杂。所以，已知样本不应仅从汽车受损区域收集，还应当尽可能从靠近受损区域或实际损坏未知的完整区域收集。但是，因为部分涉案车辆可能重新喷漆或修补，而重新喷涂或修补的涂层可能与受损区域的涂层特征和结构完全不同。因此，我们也要特别注意，过度远离受损区域可能同样会产生误导性结果。

汽车涂料分析

汽车涂料有许多物理和化学特性，我们可借助这些特性分析和比对可能用于证据的检材。在具体的分析方法中，一些方法专门分析颜料，另一些方法则专门分析成膜物，还有一些方法专门分析整个油漆样品。

作为证据的汽车涂料，最重要的特征是它的颜色层序。汽车涂料和建筑涂料都有较为特别的涂层。在分析汽车涂料的过程中，我们可以发现每一层都有不同的材料、成分和颜色。如果对未知检材和已知样本进行比对后发现颜色层序有明显不同，那么我们基本就能排除已知样本是未知检材来源的可能性。我们都知道，汽车涂料各层中，黏合度最弱的就是裸露金属与底漆间的成膜物质。不过即使是这样，汽车涂料碎片也仍然有可能在每一层中产生，而非我们想象的一定包括各层的结构和特征。

虽然汽车涂料碎片不一定包括涂料所有层次的结构和特征，但我们仍然可以通过技术手段，鉴定已知样本和未知检材是否同源。通过仪器检测，我们可以准确分析出涂层的具体颜色，而通过显微镜，我们则可以对汽车涂料碎片检材和样本的颜色进行进一步比对。在这种情况下，为了确证，我们有必要观察涂料的每一层。目前最好的也是最简易的办法就是使用切片机。通过这种设备，涂料的每一层都可以进行独立检验。除此以外，我们还可以用锋利的柳叶刀对汽车涂料进行逐层分离。当然，这一过程是极为单调、乏味和困难的。因为基于汽车制造商的生产过程、工艺差异和成本控制，不同汽车涂料可能会使用不同的成膜物。例如，通用汽车公司仅用丙烯酸漆作为涂料的成膜物。而各种成膜物有的会溶于不同的溶剂，有的则不溶于任何常见溶剂。例如，刚才提到的丙烯酸漆是唯一可溶于丙酮的汽车涂料。

目前，有很多专业仪器可以检验分析汽车涂料，还有一些测试可以直接检验整块涂料碎片。如果已经对碎片进行了横截面处理或逐层切割显示，这些测试还能够对每一涂层进行独立分析。分析结果同样是将已知样本和犯罪现场的未知检材进行比对。在此过程中，有的测试旨在获取涂料颜色信息，而有的测试则旨在确定涂料中成膜物的类型。但这些化学测试中，无论是单独测试还是组合测试，都不足以单凭一块汽车涂料碎片就能完成个体识别，除非从现场提取的汽车涂料碎片的外形能够与嫌疑车辆的破碎区域完全匹配，即使是遇到这种情况，我们也仍应该说它“极有可能”匹配到某个个体。

毛发和纤维是微量物证的典型代表。最常见的毛发分析是通过显微镜观察其微观形态。由于缺乏独特的毛发特征以及人体自身存在的生长变异，我们目前无法仅凭毛发就完全断定某个特定的人或动物。但当发根存在时，通过核 DNA 分型技术我们就有可能实现个体识别；如果没有发根存在，则可以使用线粒体 DNA 分型技术，缩小相关犯罪嫌疑人的人数。

目前大多数纺织纤维是合成纤维。除了微观结构分析之外，我们还可以使用旦尼尔、颜色、直径、长度等属性来具体分析合成纤维的特征。同时，我们还可以通过一系列的化学测试确定纤维的化学性质，并根据其类型进行分类。与毛发一样，仅凭纤维作为证据，无法做到个体识别。

涂料属于聚合物，但涂料中的交联聚合物更容易使其形成片材。涂料中含有成膜物，可以将颜料固定在物体表面，为其着色，其他添加剂则为涂料增加了各种特性。汽车涂料是最常见的涂料证据。每辆汽车都有好几层不同类型、不同特性的涂料，如防锈层、底漆、面漆和罩光清漆等。在对涂料进行检验分析时，我们需要检验涂料的物理属性，包括颜色层序等。涂料通常仍属于类别证据，个别情况下，汽车涂料的碎片外形可以匹配到嫌疑车辆的受损区域，为我们进行个体识别提供了可能。

在最后一章，我们将讨论玻璃和泥土。无论在城市还是乡村，它们都属于常见物。因此，在犯罪现场，我们也经常能发现它们。但目前许多法庭科学实验室并没有对这两样证据给予充分的关注，其中尤以泥土为甚。泥土通常仅被视为鞋印和轮胎花纹的基质，但它本身却一直受到人们的冷遇。在下一章我们会一起讨论，泥土其实是经验丰富的法医化学家或地质学家手中的强有力证据。另外，同样令人惊讶的是，或许因为玻璃的化学属性太过于惰性——不易溶解，难以进行化学分析，在我们生活中无处不在的玻璃也同样没有被视为有价值的证据。然而，在一些情况下，足智多谋的法庭科学家仍然可以让它成为有价值的证据。

要点总结

1. 毛发和纤维等微量物证通常都很容易脱落，并且会通过直接或间接的接触从一处转移到另一处。微量物证的“旅行”可以为科学家了解犯罪是如何发生的提供极为有价值的线索。

2. 除了个别不同寻常的情况，毛发一直都属于类别证据。现有的科学水平还无法达到通过检测未知毛发就可以直接实现个体识别或得出确证结论的目的。

3. 对纤维进行比对检验的关键点之一就是形态。如果犯罪现场的纤维来自特定的织物，则已知样本和未知纤维检材的结构和形态必须一致。

4. 汽车涂料有许多物理和化学特性，我们可借助这些特性分析和比对可能用于证据的检材。在具体的分析方法中，一些方法专门分析颜料，另一些方法则专门分析成膜物，还有一些方法专门分析整个油漆样品。

信息延伸

1. 涂料是以高分子材料为主体，以有机溶剂、水或空气为分散介质的多种物质的混合物。该物质涂于物体表面，可形成一层紧致、连续、均匀的薄膜，对基体具有保护、装饰或其他作用。高分子材料是形成涂膜、决定涂膜性质的主要物质，称为主要成膜物。由于早期的主要成膜物质是植物油或天然树脂漆，所以常把涂料称作油漆。现在合成树脂已大部分或全部取代了天然植物油或天然树脂漆，所以现在统称为涂料。但在具体的涂料品种中有时还沿用“漆”字表示涂料，如调和漆、磁漆等。参见周强 & 金祝年 . 涂料化学 . 北京：化学工业出版社，2007。

10 玻璃与泥土

FORENSIC SCIENCE

A BEGINNER'S GUIDE

与玻璃发生关联的常见犯罪类型有哪些?

除了犯罪现场的鞋印或轮胎痕迹，泥土还能以什么方式作为证据?

在上一章，我们讨论了刑事案件中代表性的微量物证：毛发、纤维和涂料。在最后一章，我们将讨论另外两种同样相当常见的微量物证：玻璃和泥土。玻璃是由沙子和其他矿物制成的常见产品，泥土则是有机物和无机物颗粒组成的天然物质。泥土常被认为是其他证据的媒介，如鞋印、轮胎花纹印、火灾和爆炸现场的残留物等。然而在本章，我们将通过讨论一个著名案例，来“提升”泥土作为重要证据的价值。在该案中，泥土远远不是大家想象的那样，只是反映物体印迹那么简单。

玻璃

虽然玻璃看上去普普通通，但它却是一种不同寻常的物质。它的大部分属性都属于固体的特性——非常硬、脆，而且熔点高，通常超过了 2 000℃。然而，与大多数固体不同，玻璃是透明的，并且没有有序的晶体结构。玻璃的分子排列是无规则的，这使它更像液体，所以它有时被描述为“半固体”、“液体”或“过冷液体”。

玻璃的主要成分是纯化砂，其主要化学成分是二氧化硅。因为纯二氧化硅成分的玻璃会非常脆，因此商用玻璃很少采用这种类型。玻璃中常掺杂少量的其他材料，如硼、钙、钠、镁等，从而使玻璃具有更丰富的性能。由于制作和改变玻璃性能的方法非常简单、便捷和廉价，所以现在最少有 700 种不同类型的玻璃广泛应用于商业中。

常见的玻璃类型

在 700 多种玻璃当中，生活中最常见的大约有 70 种。例如，浮法玻璃多用于窗户和其他平板玻璃物体。浮法玻璃的制作工艺正如其名“浮法”，将熔融玻璃从池窑中连续流入并漂浮在密度相对较大的锡液表面上，在重力和表面张力的作用下，玻璃液在锡液面上铺开、摊平，硬化、冷却后玻璃被引上过渡辊台，最后退火、裁切。而硼硅酸盐玻璃的特性是，即使遇到相当大的温度变化，它也不会破裂或断裂，所以这种玻璃常用于炊具和其他需要稳定性的场景。钢化玻璃的硬度比常规玻璃强四倍，而且它破裂时会粉碎成小球，没有锋利的边缘，因此广泛应用于汽车车窗和商场门窗。

玻璃的证据价值

正是因为玻璃如此广泛应用于商业和我们的日常生活中，因此人们对各种犯罪现场，尤其是那些涉及汽车的案件中的玻璃早已习以为常了。许多城市街道上总能见到散落的玻璃碎片，这可能是一场交通事故的结果，也有可能是某人损坏公物的罪证。如果考虑将玻璃作为证据，调查员需要正确收集已知样本，这样才能排除那些调查中遇到的“偶然发生”的与罪案无关的玻璃。

虽然玻璃在生活中如此普遍，但与它发生关联的犯罪类型为数不多，其中最常见的就是汽车交通事故。汽车的车灯、挡风玻璃和车窗都是玻璃，在交通事故中经常发生破裂。此时玻璃会飞溅到街道上、被害人的衣服中或身体上。在多车相撞的事故中，一辆汽车的玻璃还常会破碎飞溅至其他车辆上。另外，犯罪分子常破窗进入民宅或商业机构中，他们的衣物、鞋子或其他物品上也可能会留下玻璃颗粒。此外，有一些犯罪活动中，玻璃，主要是破碎的玻璃瓶，还常被当作武器使用。火灾现场也有可能会发现玻璃，一些犯罪分子会用酒瓶制作土制燃烧弹，再将其抛入建筑内。[1]

因为调查人员往往只能在犯罪现场或被害人的衣物上发现微小的玻璃碎片或颗粒，所以玻璃常被归为微量物证。法医化学家能够确定玻璃碎片的一些物理特性，并将其与已知来源进行比较。仅观察玻璃碎片无法使我们确定它来自哪个具体的物体，不过玻璃的化学惰性较强，限制了它可以被识别的化学特性，因此相应地，它的类别特征非常有限。而我们可以借助玻璃的物理特性，如密度、折射率、厚度及颜色等对其进行检验分析。

如果我们能获取足量大小的玻璃碎片，就可以对它进行物理比对，甚至进行同一认定。玻璃破碎时通常会留下锯齿状边缘，而且施加给玻璃的力会在它上面形成微观应力痕迹。玻璃的破碎边缘和应力痕迹的轮廓都是随机生成的，这就有助于我们将玻璃检材与样本建立关联。对比这些痕迹和边缘的检测称为“破碎形态匹配”，通过这种方法我们

[1] 土制燃烧弹在英语国家被戏称为“莫洛托夫鸡尾酒”。

有可能实现证据来源的同一认定。有时玻璃碎片的形态拼合匹配比较容易，但也有拼合匹配效果不理想的情况，如碎片数量过少或破碎边缘过直等。

泥土

泥土由破碎的岩石和混合了腐烂植物和动物腐殖质的矿物组成。它的组成相对较为复杂，从几乎是碎石（如沙滩沙），到几乎是腐殖土（如泥炭）都有可能。所以，相对而言，泥土比较难以分类，检测分析泥土也需要许多技巧。出于这些原因，大多数法庭科学实验室都不会将泥土作为证据分析，除非在犯罪现场发现了鞋印或轮胎痕迹。这种观点其实非常狭隘，因为泥土可以告诉我们许多关于人或物体的位置信息。

泥土的记录

沃尔特·奥斯本（Walter Osborne）[1]计划从科罗拉多州莫里森附近的牧场上绑架库尔斯啤酒酿造公司的董事长兼总裁阿道夫·库尔斯三世（Adorph Coors III），并索要赎金。奥斯本在库尔斯啤酒酿造公司应聘到了一份工作，借此机会跟踪库尔斯并了解他的习惯，尤其是他每天从牧场到公司的出行路线。

绑架发生在牧场附近的一座桥上。库尔斯试图逃跑，但在随后的搏斗中被枪杀了。奥斯本把库尔斯的尸体藏匿在他黄色福特水星汽车

[1] 后来被认定为小约瑟夫·科贝特（Joseph Corbett, Jr.）。

的后备厢里，并在未铺砌的道路上驾车逃跑。他首先向南，然后向西进入落基山脉。在一个海拔约 2 000 米的地方，奥斯本将尸体抛弃在一个教会附近，直到近 7 个月后才有人发现尸体。在那之后，奥斯本逃离了科罗拉多，向东前往新泽西州，在那里把汽车藏在一个堰洲岛上，并将车烧毁。与此同时，联邦调查局已开始调查阿道夫·库尔斯三世失踪事件，很快便发现了沃尔特·奥斯本，并追踪他到了新泽西州。

奥斯本试图掩盖他的行踪，但终究逃不过泥土分析得出的铁证。库尔斯三世的牧场靠近一种叫作“达科他豚脊丘”（Dakota Hogback）的特殊地质构造。这种泥土的主要成分是达科他砂岩，其底部由灰色、绿色和褐红色的泥土、页岩、石灰岩和砂岩组成。这场拙劣仓促的绑架发生在牧场附近的土路上，而这条路正位于典型的达科他豚脊丘地质构造带上，路上的石块和泥土基本上已经被腐蚀并磨成了碎片。奥斯本载着库尔斯的尸体南逃，驾车经过了更多未铺砌的土路。这些土路的特点是粉红色的长石和花岗岩粉尘数量较少，铁和镁的含量低于库尔斯牧场地区的碎石。随着奥斯本继续驾车向西并进入山区，那里的道路由非常独特的“派克峰”花岗岩石块构成，而在新泽西堰洲岛的道路则是由黑灿岩渣和漂流沙砾构成的。

当联邦调查局找到烧毁的汽车时，便从车轮及车底提取了泥土样本。从枪杀库尔斯到潜逃至新泽西，这些泥土伴随着奥斯本的逃窜，为他一路“如实记载”了整个行程。经分析，样本中一共有四层泥土沉积物，泥土的特征与联邦调查局已知的汽车行驶方向和路线完全一致：最外层泥土中有与新泽西州堰洲岛土质相同的物质，在那里奥斯本烧毁了汽车；下一层泥土中有与“派克峰”花岗岩石块相同的物质，在那里发现了库尔斯的尸体；再下一层泥土中有与落基山脉土路上特有的粉红色长石相同的物质；而最内层泥土中则有与库尔斯家牧场附近的达科他豚脊丘地质特征相同的物质。这些泥土完整记录了凶犯亡命天涯的整个过程。尽管泥土样本无法确定到绝对具体的位置，但它却如实地记录了车辆的行程，是无可辩驳的证据。

作为证据的泥土

事实上，作为证据的泥土对法庭科学家提出了相当多的挑战，这可能是很少有实验室愿意花费大量时间分析它的原因之一。首先，泥土复杂的化学和物理特性因地而异。有研究表明，泥土的性状及物质构成可能在几米之内就有差异。其次，目前科学家对泥土还没有明确的法庭科学上的分类方案，这意味着泥土可能有“无数”种。因此，我们很难在泥土检材与已知样本间确立可靠的关联。此外，目前我们还没建立起“泥土数据库”，不能够详细列出在特定地点找到特定泥土的概率。但是，泥土的地域特性对我们来说仍然非常有价值。如果泥土检材与已知样本间具有完全一致的化学和物理特征，它们来自同一地域的可能性就会非常高。

泥土的颗粒从细沙到大块岩石，可以有各种粒径。泥土中特定粒径的重量是泥土样本的重要特征和数据，它也是我们最容易确定的泥土特征。在此分析中,已知样本和未知检材需要在相同温度下同时干燥。然后使用嵌套的筛网过滤泥土，保证每次连续的筛选都有更细的筛网对泥土分级。我们要轻轻摇动称过重的泥土样本，使颗粒尽量均匀地分布在不同筛网中，然后再对每个筛网中的泥土进行称重。

有时，我们还可以分析泥土的颜色。泥土的颜色来自其中的矿物和水分含量。许多矿物质具有典型的颜色，如铜矿物质通常是绿色或蓝色的，铁矿物质通常是红色或棕色的。我们还可以直接观察泥土，或将泥土中的矿物质溶解在水中。如果泥土中有足够的有色矿物质，它们就会改变水的颜色。之后，我们可以通过仪器再确定溶解的矿物质的颜色。如果两个泥土样本具有完全相同的色谱，我们就可以得出它们含有相对浓度相同的同类有色矿物质的结论。

最后三章生动地说明了微量物证在重建犯罪过程中发挥的重要作用。很多情况下，微量证据比 DNA 或指纹证据更重要。尤其是在生物学证据和纹印证据不足或无法提取的犯罪现场，微量物证能起到关键作用。

不过遗憾的是，许多犯罪现场调查目前只注重那些显而易见的证据，而忽视了微量物证或至少没有强调过微量物证的重要性。任何证据的价值都非常依赖于具体的调查和案情。一位优秀的犯罪现场调查人员能够判断在何种情况下，采用何种证据组合来证明犯罪过程，这其实也是发挥团队合作精神和集体经验的出发点。如果没有这种精神和及时的经验总结，整个法庭科学领域就失去了解决犯罪问题的可能性。这一点始终至关重要，仅凭学习知识可能无法做到。

要点总结

1. 如果我们能获取足量大小的玻璃碎片，就可以对它进行物理比对，如对其密度、折射率、厚度及颜色等进行检验分析，甚至能够进行同一认定。
2. 泥土的地域特性对我们来说非常有价值。如果泥土检材与已知样本间具有完全一致的化学和物理特征，它们来自同一地域的可能性就会非常高。

最后，我们一起来回顾一下法庭科学的各个方面吧。

第一，法庭科学是典型的跨学科的研究和应用。包括社会科学在内的几乎所有科学研究进展，都对法庭科学在世界范围内每个国家法律制度中的应用做出了极大贡献。大多数国家都有法庭科学家和犯罪现场调查员，他们负责收集和分析科学证据并出庭提供专家证言。由于政府类型和犯罪水平的差异，法庭科学实验室的大小、地点和组织结构各有不同。

第二，因为一般不负责犯罪现场调查，所以法庭科学实验室基本上是“被动的”。如果有实验室人员参与犯罪现场调查，那他们通常起辅助作用。在一些国家，一些特殊的刑事犯罪案件需要法庭科学家前往现场，尤其是遇到那些秘密的大型制毒实验室和可能引起社会高度关注的凶杀案件。

第三，在许多国家中，法庭科学实验室属于司法系统的一部分，常常隶属于警察执法部门。法庭科学实验室中有时会有“观察者偏见”并可能影响其上级组织对科学的看法。

第四，许多地方的法庭科学实验室和科学家管理不到位。它与医疗机构和其他科学组织形成鲜明对比的是，法庭科学实验室通常没有对犯罪实验室的强制认证。同样，与医疗人员和其他科学人员相反，法庭科学家通常不受任何强制性、系统性认证的支配。这种现象对科学家和实验室的能力及责任有一定的潜在影响。

但是，这并不意味着没有人关注法庭科学，或者说法庭科学不愿改变。事实上，目前有一些发展趋势正鼓励更多的科学家和社会各界人士，致力于使法庭科学更加符合公众需要以及实现更具实力的改善和提高。这些最新的、深刻的变化出自以下几个原因：

首先，在世界范围内，进行高度宣传报道的案件越来越多。在本书中，我们其实已经提到了一些著名案件。法庭科学家不仅为案件侦破做出了巨大贡献，同时也为刑事错案的纠正提供了有力的支持。虽然这些案例主要来自美国、英国、澳大利亚、加拿大和欧洲国家，也仅代表了种种犯罪活动中的一小部分，但它们或“臭名昭著”，或“震惊世人”，都受到了人们极大的关注。

其次，随着 DNA 分型技术的诞生和飞速发展，公众对法庭科学的认识日益改变。在 20 世纪 80 年代，莱斯特大学的亚历克·杰弗里斯博士首先研发了 DNA 分型技术。这项技术提高了所有法庭科学证据分析的标准，彻底改变了将生物学证据与人或物建立关联的能力。它产生的影响非常深远，使美国司法机构重新对上百起 DNA 分型技术诞生前的“定案”进行重新检测和审理，同时若干起“悬案”也重新开始调查。

这些案件都对媒体和公众产生了重大影响。

再次，媒体，特别是电视媒体，也对法庭科学和司法系统产生了重大影响。这种影响不仅仅局限在美国，影视剧《犯罪现场调查》在全世界范围内受到不计其数的观众的热烈追捧。这种媒体效应提升了公众对科学和法庭科学的认识水平，也一并大大提高了公众对刑事调查和法医科学的期望。这一现象甚至导致了多所大学法庭科学教育的大幅增加。以英国为例，已有超过 300 个高等教育级别的专业在名称中带有“法”这个字。

最后，备受关注的案例和 DNA 分型技术的发展使法庭科学家重新审视了那些传统的证据类型，如指纹、枪弹痕迹和笔迹等。尽管这些证据在世界各地的法庭上已经有超过 100 年的采信历史，但近年来的法院判决使人们开始重新评估、检验传统方法和证据类别所做的结论及其科学有效性。很明显，我们需要更多可靠的实证研究，以提升这类证据的有效性和可靠性。虽然现在一些法官对这些传统的证据产生了“合理的怀疑”，认为它们无法做到真正的个体识别，但我们完全可以相信未来新的研究成果的问世一定会对它们做出更为合理的解释。

除了本书讨论的法庭科学的主要领域之外，我们还需及时关注其他一些新兴领域。例如，司法行为科学，包括司法心理学、精神病学、犯罪心理侧写、犯罪现场重建、讯问技术与讯问方法以及测谎技术等。在美国及其他国家和地区，上述这些领域的司法实践者得出的方法和结论正有待于进一步得到证实。这些被称为“软科学”的新领域也有望有朝一日在法庭上得到更广泛的接受。[1]

现在法庭科学发展最快的新兴领域之一是数字取证，或称作电子数据检验[2]，它包括计算机取证（对使用计算机进行犯罪的调查和借助计算机打击犯罪）、计算机成像和生物识别[3]等一系列的研究课题。计算机犯罪[4]已成为现在最常见的犯罪类型之一。计算机领域的法庭科学家正夜以继日地与网络犯罪分子作斗争，而借助计算机技术的生物识别技术将各种物理特征记录在案，极大地补充了指纹等传统证据的识别方法，以更科学、更无可辩驳的方式锁定犯罪嫌疑人，将其绳之以法。作为执法工具，从指纹识别到脸部识别等所有相关的成像识别技术已经变得日益重要。

毫无疑问，法庭科学将会持续发生日新月异的变化和发展。在全球范围内，它会更加有效地协助打击犯罪，并且发挥无可替代的作用。随着犯罪全球化，科学证据的搜寻和使用也必定会随之发生巨变。毫无疑问，科学是一个强大的工具，对它的应用必须不断提高和扩展，只有这样，我们才能在与现代犯罪的斗争中立于不败之地。

信息延伸

1. 日本是最早使用“软科学”具体名称的国家。1977 年，在日本科学技术会议第 6 号报告中，软科学的定义为，综合了近年来取得显著发展的信息科学、系统工程学、管理科学、行为科学中新的分析理论和方法论，并结合社会科学诸学科的新理论模型和见解，谋求开发出为探讨解决各种复杂问题及决策科学化的理论、方法和技巧，并加以应用的综合性科学技术。参见赵刚，孙相东，王志清．发展中的中国软科学——中国软科学发展的回顾和展望．中国软科学，2005，(2): 96–104。

2. 数字取证是指犯罪分子在进行违法犯罪活动时，会以电子数据的形式留下诸多痕迹，如犯罪分子在编辑的涉案电子文档、与同伙勾连时的电子邮件或聊天信息等。这些电子数据存在于主机和网络中。侦办涉及计算机的违法犯罪案件时，侦查人员需要使用多种类型的取证工具，既包括商业软件，也包括开源软件，调查犯罪分子使用的电子设备，将计算机及网络中存储、处理和传输的电子数据固定下来，从中检验出涉案的电子数据线索和证据，通过综合分析研判，最终揭示犯罪真相。应用先进、高效的取证工具会令上述的调查过程事半功倍。参见黄淑华 & 赵志岩．数字取证工具及应用．警察技术，2012，(1): 17–20。

3. 生物识别技术是指利用人体生物特征进行身份认证的一种技术。生物特征是唯一的（与他人不同），是可以测量或自动识别和验证的生理特性或行为方式，分为生理特征和行为特征。用于生物识别的生理特征有手形、指纹、脸形、虹膜、视网膜、脉搏、耳郭等，行为特征有签字、声音、按键力度等。基于这些特征，人们已经发展了手形识别、指纹识别、面部识别、发音识别、虹膜识别、签名识别等多种生物识别技术。参见李丽蓉．生物识别技术及其应用．山西警官高等专科学校学报，2003，(2): 44–46。

4. 计算机犯罪是指利用计算机操作所实施的危害计算机信息系统（包括内存数据及程序）安全的犯罪行为。这种类型的计算机犯罪，实际上是指只能在计算机空间内所实施的犯罪，如非法侵入计算机信息系统罪、破坏计算机信息系统功能罪等。这类计算机犯罪的共同特征在于，一方面其犯罪对象是计算机信息系统（包括内存的数据与程序），因而其他涉及计算机的普通犯罪均被排除在外；另一方面其所实施的危害计算机信息系统安全的行为只能通过非法操作计算机的行为来加以实施，以其他方法达到此类犯罪结果的，也不属于真正意义上的计算机犯罪。这类犯罪也即通常所称的危及计算机安全的犯罪。参见赵秉志 & 于志刚．论计算机犯罪的定义．现代法学，1998，(5): 7–10。

Siegel, J., *Forensic Science: The Basics*, Taylor & Francis Group, Boca Raton, FL, 2007

Houck, M. and Siegel, J., *Fundamentals of Forensic Science*, Elsevier, Burlington, MA, 2006

Saferstein, R., *Criminalistics: An Introduction to Forensic Science*, Prentice Hall, Englewood Cliffs, NJ, 2007

James, S.H. and Nordby, J.J. (eds), *Forensic Science: An Introduction to Scientific and Investigative Techniques*, 2nd ed., Taylor & Francis Group, Boca Raton, FL, 2008

Thorwald, J., *Century of the Detective*, Harcourt Brace & World, New York, 1964

Jackson, R.W. and Jackson, J.M., *Forensic Science*, Prentice Hall, Englewood Cliffs, NJ, 2004

1 法庭科学及法庭科学实验室

牙痕匹配
teeth marks

证据分析
analysis of evidence

法庭证词
court testimony

犯罪现场调查
crime scene investigation

鉴定分析员
examiner

事实上的裁判者
trier of fact

专家证人
expert witnesses

刑事调查
criminal investigation

犯罪现场调查员
crime scene investigators

确认偏误
confirmation bias

CSI 效应
CSI Effect

无罪证据
exculpatory evidence

法庭科学服务中心
Forensic Science Service, FSS

英国国家枪械管理中心
National Firearms Unit

美国联邦调查局
Federal Bureau of Investigation, FBI

美国缉毒署
Drug Enforcement Administration, DEA

美国烟酒、枪械与爆炸物管理局
Bureau of Alcohol, Tobacco, Firearms and Explosives, BATF

美国特勤局
United States Secret Service, USSS

美国国内税务局
Internal Revenue Service, IRS

美国鱼类及野生动植物管理局
United States Fish and Wildlife Service, USFWS

美国邮政署
United States Postal Service, USPS

痕迹证据
pattern evidence

观察者偏见
observer bias

双盲测试
double-blind testing
列队辨认
lineup
对抗制
adversarial system
西弗吉尼亚州公共安全法庭科学实验室
West Virginia Department of Public Safety Crime Laboratory
为证据编造数据
dry labbing

2 证据：从犯罪现场到实验室

“伏击”行动
sting operation
首次聆讯
preliminary hearing
刑事侦查员
criminal investigator
实物证据
real evidence
展示证据
demonstrative evidence
证人证言
testimonial evidence
指纹分析员
fingerprint examiner
未知证据
unknown evidence
已知证据
known evidence
个体识别
individualization
DNA 分型技术
DNA typing
基因组
genome
变异体
variant
识别
identification
比对
comparison
证据保管链
chain of custody
类别
class
个体
individual

3 法庭科学与法律

传票
subpoena
藐视法庭
contempt of court
下级法院
lower court
治安法院
Magistrates Court

（联邦）地方法院
District Court

刑事法院
Crown Court

高级法院
Superior Court

巡回法院
Circuit Court

高等法院王座法庭
Queen's Bench Court

简易审判
summary trial

简易罪
summary offences

可诉罪
indictable offences

上诉法院刑事庭
Court of Appeal

上议院
House of Lords

开场陈述
opening statements

交叉询问
cross-examination

最后陈述
closing statements

答辩交易
plea bargaining

有罪
guilty

无罪
innocence

刑事审判
bench trial

实质性
materiality

证明力
probativeness

归罪陈述
incriminating statement

执行摘要
executive summary

最佳证据规则
the "best evidence" rule

普通证人
lay witness

预先审查
voir dire

《美国刑法典》
United States Criminal Code

基本证据
primary evidence

原始证据
original evidence

第二手的证据
secondary evidence

《美国联邦证据规则》
Federal Rules of Evidence

直接询问
direct examination

4 毒品：从街头到体内

合法药物
licit drugs

管制药物
controlled substances

滥用药物
abused drugs

甲基苯丙胺
methamphetamine，俗称冰毒

运动机能亢进症
hyperkinesia

类固醇
steroids

苯环己哌啶
phencyclidine，PCP，俗称天使粉

可卡因
cocaine

吗啡
morphine

海洛因
heroin

大麻
cannabis, marijuana

鸦片
opium

《滥用药物法案》
Misuse of Drugs Act

可注射苯丙胺
injectable amphetamines

摇头丸
Ecstasy

麦角酸二乙基酰胺
Lysergic acid diethylamide，LSD，俗称邮票

巴比妥类
barbiturates

抑制剂类药物
sedatives

《统一管制物质法案》
Uniform Controlled Substances Act

羟考酮
oxycodone

兴奋剂
stimulants

抑制剂
depressants

麻醉剂
narcotics

致幻剂
hallucinogens

人体机能增强药物
performance-enhancing drugs

生理依赖性
physically addictive

古柯属
Erythroxylum coca

局部麻醉剂
topical anesthetic

碱性水
alkaline water

有机溶剂
organic solvent

盐酸可卡因
cocaine hydrochloride

惰性粉末物质
inert powder

稀释
dilute

鼻吸
snorting

碱液
lye

清洁液
cleaning fluid

维柯丁
Vicodin
盐酸羟考酮缓释片
OxyContin
制毒实验室
meth labs
伪麻黄碱
pseudoephedrine
减充血剂
decongestant
氨
ammonia
苯巴比妥
phenobarbital
戊巴比妥
pentobarbital
硫代戊巴比妥
pentothiobarbital
致命注射剂
lethal injection
硫喷妥钠
sodium pentothal
全身麻醉剂
general anesthetic
幻觉
hallucination
仙人掌提取物
cactus extracts
四氢大麻酚
tetrahydrocannabinol, THC
大麻树脂
resin
哈希什
hashish oil / hash oil
氯胺酮
Ketamine
吸墨纸滴酸
blotter acid
橙色阳光
orange sunshine
紫色阴霾
purple haze
罂粟属植物
Papaver somniferum
可待因
codeine
泰诺止痛片
Tylenol
戒断症状
withdrawal symptom
美沙酮
methadone
合理的科学确定性
reasonable scientific certainty
确证试验
confirmatory test
筛选试验
screening test
现场测试
spot test / field test
美沙酮维持治疗
methadone maintenance treatment, MMT
气相或液相色谱仪
gas or liquid chromatography
质谱检测技术
mass spectrometry
分离试验
separation test
法医毒理学
forensic toxicology

药理学
pharmacology

药效学
pharmacodynamics

静脉注射
intravenous injections

肌肉注射
intramuscular injections

皮下注射
subcutaneous injections

药物化学
pharmaceutical chemistry

复发
relapse

代谢
metabolism

排泄
elimination

代谢物
metabolite

主要代谢物
primary metabolite

次级代谢物
secondary metabolite

挥发性的
volatile

协同作用
synergism

耐受性
tolerance

逆向耐受性
reverse tolerance

天然存在的
naturally occurring

半合成
semi-synthetic

人工合成
synthetic

5 痕迹证据：指纹 、枪弹与笔迹

痕迹证据
pattern evidence

指纹
fingerprint

指纹自动识别系统
Integrated Automated Fingerprint Identification System, IAFIS

潜在指纹
latent print

基于经验的法庭科学证据
experience-based forensic sciences

毛发
hairs

鞋印
shoeprints

轮胎印
tire tread prints

笔迹
handwriting

枪支
firearms

工具
tool
正交试验测试
orthogonal tests
正交试验设计
orthogonal experimental design
摩擦嵴纹
ridge
小犁沟
furrow
同卵双胞胎
identical twins
指纹鉴定学
dactyloscopy
掌纹
palm prints
个人身份识别方法
personal identification
人体测量学
anthropometry
人物肖像描述法
portrait parlé
贝式测量法
Bertillionage
弓形纹
arch
箕形纹
loop
斗形纹
whorl
真皮乳头层
dermal papillae
表皮层
epidermis
真皮层
dermis
汗腺
perspiration glands
汗孔
sweat pores
明显指纹
patent print
成型指纹
plastic print
分叉点
bifurcation
终结点
ending ridge
孤立点
dot / island
短纹
short ridge
环点
enclosure / anastomosis
三叉点
trifurcation
分歧点
ridge divergence
交叉点
ridge crossing
钩点
spur / hook
桥接点
bridge
特征点
minutiae
提取
lift
桡骨
radius
尺骨
ulna

反箕纹
radial loop
正箕纹
ulnar loop
弧形纹
plain arch
帐形纹
tented arch
环形斗
plain whorl
双箕斗
double loop
囊形斗
central pocket loop
杂形斗
accidental loop
氰基丙烯酸酯
cyanoacrylate, Super Glue®
碘熏显现法
iodine fuming
升华
subliming
硝酸银
silver nitrate
物理显影剂
physical developer
还原剂
reducing agent
茚三酮
ninhydrin
试剂
reagent
氨基酸
amino acids
罗曼紫
Ruhemann's Purple
“万能胶”熏显法
Super Glue fuming
熏显棒
portable wands
指纹残留物
fingerprint residues
荧光
fluoresce
氩离子激光
argon-ion laser
滤光器
filter
罗丹明 6G
Rhodamine 6G
十指指纹信息卡
ten-print card
英国国家自动指纹识别系统
National Automated Fingerprint Identification System, NAFIS
国际认证协会
International Association for Identification
切割伤
cuts
疤痕
scars
边缘形状
edge shapes
弹头
bullets
枪弹
cartridges
弹壳
cartridge cases
无烟火药
gunpowder (smokeless powder)

工具痕迹分析
tool marks analysis

擦划痕迹
scratch

极细微的印记
microscopic marking

钢丝钳
wire cutter

钳剪痕迹
impressions

螺丝刀
screwdriver

枪管
barrel

法证弹道学
forensic ballistics

枪弹痕迹检验
firearms examinations

弹道学
ballistics

抛射体
projectiles

弹丸
pellets

混合武器
hybrid weapon

手枪
pistol

转轮手枪
revolver

旋转弹膛
revolving cylinder

弹仓
chambers

击针
firing pin

自动装填手枪
self-loading

弹匣
magazine

手枪握把
grip

弹簧
spring

枪膛
firing chamber

抽壳
extraction

抛壳
ejection

步枪
rifle

单发步枪
single shot rifle

自动步枪
automatic rifle

机关枪
machine gun

全自动武器
fully-automatic weapon

弹带
belt

供弹
ammunition

固定枪架
fixed mounting

冲锋枪
submachine gun

霰弹枪
shotgun

散弹
shot

长轴
long axis
旋转
spinning
轨迹
trajectory
蝴蝶球
knuckleball
来复线
rifling
阳膛线
lands
阴膛线
grooves
模头挤压法
button rifling
多点拉削法
gang broach
小线纹痕迹
striations / stria
膨胀
expand
黄铜
brass
弹壳槽线
cannelures / grooves
制造商
manufacturer
口径
caliber
拉壳钩
extractor
抛壳挺
ejector
后膛闩
breech block

发射药
propellant
黑火药
black powder
木炭
charcoal
硫黄
sulfur
硝石
saltpeter
棉绒
cotton lint
木浆
wood pulp
燃烧
combustion
雷汞
mercury fulminate
击锤
hammer
击针
pin
射击残留物
gunshot residue
锑
antimony
铅
lead
钡
barium
微量物证
trace evidence
头发
hair
纤维
fiber

油漆
paint
金属
metal
组织
tissue
嫌疑枪支
suspect weapon
比较显微镜
comparison microscope
比对桥
comparison bridge
金属包覆弹
metal-jacketed bullet
可替换枪管
interchangeable barrels
嫌疑文件
questioned document
欺诈
fraud
伪造文书
forgery
涂改
alteration
伪造货币
counterfeiting
盗窃
theft
擦除
obliterate
作者身份
authorship
样本
exemplar
要求
requested
非要求
non-requested
潜意识
subconscious
有意识的努力
conscious effort
情景
context
支票
check
装饰书写
flourishes
字母组合
letter combination
收款人
payee
金额
amount
签名
signature
文件伪造者
forger
模仿
mimic
伪造
forge
线条质量
line quality
连笔
connecting strokes
提笔处
pen lifts
起笔和收笔
starts and stops
润笔
retouching

描摹
tracing

内化
internalize

惯用手
dexterity

关联
association

6 法医生物学：身体的证据

人体尸块
human body parts

病理学家
pathologist

个体识别特征
identifying features

法医人类学家
forensic anthropologist

蛆虫
maggots

身份
identity

昆虫学家
entomologist

法医生物学
forensic biology

血清学
serology

法医植物学
forensic botany

花粉
pollen

木材
wood

死亡原因和方式
cause and manner of death

法医牙科学
forensic odontology / dentistry

死亡时间
time of death

死后经历时间
the time since death, TSD

死后间隔时间
post-mortem interval, PMI

死亡时间推断
estimation of time since death

尸僵
rigor mortis

昆虫
insect

法医昆虫学家
forensic entomologist

面部特征
facial characteristics

腐败
decomposition

人体组织
tissue

体液
body fluid

生前
ante mortem

年龄
age

种族
race

性别
gender
身材
stature
社会经济地位
socio-economic status
解剖病理学
anatomic pathology
临床病理学
clinical pathology
法医毒理学家
forensic toxicologist
验尸官办公室
Coroner's Office
法律医学
medico-legal
地方检察官办公室
office of the procurator fiscal
事故
accident
自杀
suicide
自然死亡
natural causes
谋杀
murder
未定
undetermined
近亲属
next of kin
法医解剖
forensic autopsy
普通解剖
hospital autopsy
尸表检验
external examination
微量证据
trace evidence
创口
wound
损伤
trauma
枪伤的入口和出口
entry and exit gunshot wound
抵抗伤
defensive wound
标准术式切口
standard incisions
辅助死因
contributory cause of death
机械
mechanical
热
thermal
电
electrical
化学
chemical
窒息
asphyxiation
枪击
gunshot
刺伤
stabbing
交通事故
motor vehicle incident
高空坠落
fall
锐器伤
sharp force injuries
创缘
margins of the wound

锯齿状边缘
serrated edge
主动脉
major artery
钝器伤
blunt force injuries
撕裂创
laceration
火器伤
firearm injuries
枪弹创
bullet wound
霰弹创
shotgun wound
枪弹射入
entrance
枪弹射出
exit
贯通创
perforating wounds
熏黑痕迹
blackening
肿胀
swelling
火药颗粒斑纹
stippling
运动协调性
motor coordination
呕吐
vomiting
生理反射
reflex
癫痫
seizure
一氧化碳
carbon monoxide, CO
烃燃料
hydrocarbon fuels
不完全燃烧
incomplete combustion
无色
colorless
无臭
odorless
无味
tasteless
血红蛋白
hemoglobin
碳氧血红蛋白
carboxyhemoglobin, HbCO
窒息
asphyxiation
樱桃红色
cherry-red
电击死
electrical deaths
电流
electrical current
交流电
alternating current
心室纤维颤动
ventricular fibrillation
神经冲动
nervous impulse
完全燃烧
complete combustion
二氧化碳
carbon dioxide, CO_2
中心温度
core temperature of the body
尸冷
algor mortis

尸斑
livor mortis

尸僵
rigor mortis

环境温度
ambient temperature

关节
joint

肌肉
muscle

循环
circulating

重力
gravity

瘀伤
bruise

挫伤
contusion

心肌 pH 值
Cardiac pH

肌肉超声波检查
ultrasound test

骨骼肌的电活动
electrical activity of skeletal muscles

胃内容物
stomach contents

未完全消化
undigested

参考的助证
corroborative evidence

腹部
abdomen

臀部
hips

尸绿
greenish discoloration

肠道
intestinal tract

厌氧菌
anaerobic bacteria

膨胀
bloating

昆虫学
entomology

昆虫
insects

节肢动物
arthropods

法医昆虫学
forensic entomology

丽蝇
blowfly

城市法医人类学
urban forensic anthropology

甲壳动物
crustaceans

蜘蛛
spiders

红头丽蝇
Calliphora vicina Robineall

发育阶段
developmental stages

栖息地
habitat

卵
eggs

幼虫
larvae

苍蝇幼虫
fly larvae

龄期
instars

蛹
pupa

细菌
bacteria

食尸性昆虫
necrophages

杂食性昆虫
omnivores

捕食者
predators

寄生者
parasites

螨类
mites

蜈蚣
centipedes

生物量
biomass

新鲜期
fresh

丽蝇成虫
adult blowflies

麻蝇
fleshflies

小黄蜂
yellow-jackets

肿胀期
bloated

甲虫
beetles

腐败期
decay

蟑螂
cockroaches

后腐败期
post-decay

果蝇
fruitflies

蚋虫
gnats

残骸期
dry stage

蚁类
ants

蝇类
flies

假象
artifacts

白骨化
skeletonize

质谱分析
mass spectrometry

人类学
anthropology

生物学
biology

生物人类学
bioanthropology

人体人类学
physical anthropology

骨学
osteology

骨骼识别
skeletal identification

骸骨
skeletal remains

生前证据
ante mortem evidence

活动姿态
gait

骨骼
skeleton

胸廓
rib cage
密质骨
compact bone
长骨
long bones
内层
internal layer
骨小梁
trabecular bone
髓腔
medullary cavity
骨髓
bone marrow
面貌复原
facial reconstruction
颅像重合
photographic superimposition
生物学信息概要
biological profile
骨骼残片
fragments of bone
显微分析
microscopic analysis
哈佛管
Haversian canals
丛状骨
plexiform bone
血管
blood vessels
神经细胞
nerve cells
牙床
gums
乳牙
temporary teeth
恒牙
permanent teeth
青春期
puberty
头骨
skull
骨盆
pelvis
发育
development
分娩
delivery
坐骨切迹
sciatic notch
耻骨
pubic bone
眉骨
brow ridges
乳突
mastoid processes
美国商务部
United States Department of Commerce
高加索人
Caucasian
黑人
Blacks
亚洲人
Asians
印第安人
Native Americans
西班牙裔
Hispanics
总体形态检验
gross morphological examination
形态特征的数学分析
mathematical analysis

眼眶形态
eye orbits
鼻骨形态
nasal apertures
腭骨形态
palate
股骨
femur
曲率
curvature
肱骨
humerus
桡骨和尺骨
radius and ulna
腓骨
tibia
额窦
frontal sinuses
动脉
arteries
静脉
veins
假眼
prosthetic eyes
假发
wigs
可视化软件
visualization software
周长
perimeters
象限
quadrants
擦抹过的指纹痕迹
smudged fingerprints
咬痕
bite marks
齿列
dentition
颌骨
jaws
牙齿证据
dental evidence
牙冠
dental crown
牙颈
dental body
牙根
dental root
牙釉质
enamel
乳切牙
deciduous incisor teeth
智齿
wisdom teeth

7 法医生物学：血痕及其他体液分析

法医病理学
pathology
法医人类学
anthropology
法医昆虫学
entomology
法医牙科学
odontology

血液痕迹
blood spatter

预试验
preliminary test

确证试验
conclusive test

红细胞
erythrocytes

白细胞
leukocytes

血小板
thrombocytes

鲁米诺
luminol

荧光素
fluorescein

泰西曼试验
Teichmann test

铁血红素
hematin

氯化血红素结晶试验
hemin crystal test

高山氏结晶试验
Takayama test

免疫沉淀反应
immunoprecipitation

抗体
antigens

抗血清
antiserum

环状沉淀反应测试
precipitin ring test

双向琼脂扩散试验
Ouchterlony double diffusion test

多态物质
polymorphic substances

血色原结晶试验
hemochromogen crystal test

沉淀素
precipitin

凝集反应
agglutination

多态酶
polymorphic enzymes

性侵犯罪行为
criminal sexual conduct, CSC

精液
seminal fluid / semen

精囊
seminal vesicles

前列腺
prostate

尿道球腺
Cowper's glands

凝胶状混合物
gelatinous mixture

细胞
cells

精子
sperm

射精
ejaculation

酶
enzyme

精浆酸性磷酸酶
seminal acid phosphatase, SAP

推断试验
presumptive test

显色剂
color reagent

“圣诞树染色剂”
Christmas tree stain

苦靛胭脂
picroindigocarmine, PIC
核坚固红
Nuclear Fast Red
染色剂
stain
前列腺特异性抗原
prostate-specific antigen, PSA 或 p30
外物
foreign object
阴道
vagina
阴道分泌物
vaginal secretions
糖原化上皮细胞
glycogenated epithelial cells
月经期间
menstruation
排卵
ovulation
月经周期
menstrual cycle
高碘酸希夫试剂
periodic acid-Shiff reagent, PAS
糖原
glycogen
唾液
saliva
α-淀粉酶测试
alpha-amylase test
淀粉碘化物测试
starch-iodide test
咳痰
expectorations
性侵案件取证箱
rape kit
样本收集器
sample collectors
血常规检查设备
blood standards
阴道冲洗液
vaginal washes
精液载玻片 / 涂片
seminal fluid smear slides
撞击型飞溅血痕
impact spatter
第一击
first blow
随后连续的打击
subsequent blows
甩状血痕
cast-off patterns
滴落状血痕
drips
动脉喷射状血痕
arterial spurts
擦拭状血痕
wipes
拖扫状血痕
swipes
吹溅状血痕
expiration of blood
主动脉
major artery
颈动脉
carotid
股动脉
femoral
脱氧核糖核酸
deoxyribonucleic acid, DNA
分子
molecule

再生能力
regeneration

细胞核
nucleus

线粒体
mitochondria

染色体
chromosomes

核苷酸
nucle otides

腺嘌呤
adenine, A

胸腺嘧啶
thymine, T

鸟嘌呤
guanine, G

胞嘧啶
cytosine, C

双螺旋结构
double helical structure

遗传性状信息
inherited traits

男性精子
male sperm

女性卵子
female egg

胚胎
fetus

身体
physical

心理
mental

情感
emotional

人类基因组
human genome

基因座
locus

遗传密码
genetic code

等位基因
allele

纯合子
homozygous

杂合子
heterozygous

序列多态性
sequence polymorphism

长度多态性
length polymorphism

串联重复序列
tandem repeats

概率
probability

头皮屑
dandruff

镊子
tweezers

手套
gloves

排除样本
elimination samples

空白对照
substrate control

阴性对照
negative control

口腔拭子
buccal

抗凝剂
preservative
乙二胺四乙酸
ethylenediamine tetraacetic acid, EDTA
纯化
purifying
高温
high temperature
宫颈
cervical
拭子
swab
化学浴
chemical bath
离心
centrifuging
实时聚合酶链式反应
polymerase chain reaction, PCR
抑制物
inhibitor substances
扩增靶向 DNA 序列
amplify targeted DNA sequences
短串联重复序列
short tandem repeats, STR
单个核苷酸
individual nucleotides: A、G、T、C
Taq 聚合酶
Taq polymerase
荧光染料标记引物
fluorescently labeled primers
离子强度
ionic strength
热循环仪
thermocycler
变性
denature
互补链
complementary strands
引物
primers
退火
annealing
聚合酶延伸
polymerase extension
毛细管电泳
capillary electrophoresis
毛细管
capillary tube
矩阵
matrix
缓冲液
buffer solution
紫外 / 可见光检测器
ultraviolet / visible light detector
变性 DNA
denatured DNA
DNA 图谱
DNA profile
牙釉质蛋白基因
amelogenin gene
英国国家 DNA 数据库
National DNA Database, NDNAD
美国综合 DNA 指数系统
Combined DNA Index System, CODIS
定罪后申诉救济
post-conviction review
系列强奸案
multiple rape case
母系
maternal line

8 火灾与爆炸

硝酸铵与柴油混合物
ammonium nitrate mixed with fuel oil, ANFO

电子计时器
electrical timing device

引爆器
initiator

火灾
fires

爆炸
explosions

燃烧
combustion

燃料
fuel

氧气
oxygen

完全燃烧
complete combustion

氧化物
oxides

不完全燃烧
incomplete combustion

放热的
exothermic

氧化反应
oxidation reactions

氧化铁
iron oxide

石油
petroleum

蒸馏
distill

汽油
gasoline

碳氢化合物
hydrocarbons

内部燃烧
internal combustion

燃烧室
combustion chamber

爆炸物
explosives

放火
arson

二氧化碳灭火器
carbon dioxide fire extinguishers

泡沫灭火器
foam fire extinguishers

主动放火
incendiary

助燃剂
accelerant

木炭点火油
charcoal lighters

油漆稀释剂
paint thinners

营火炉燃料
camp stove fuels

火势蔓延路线
fire trail

轰燃痕迹
splash pattern

推进剂
propellant

爆燃
deflagration

爆轰
detonation

起爆药
initiating

非起爆药
non-initiating

硝酸甘油
nitroglycerin

传爆管
booster

季戊四醇四硝酸酯
Pentaerythritol Tetranitrate, PETN

塑性炸药
plastic explosives

简易爆炸装置
Improvised Explosive Devices, IEDs

弹片
shrapnel

正压阶段
positive pressure phase

爆炸原点
bomb seat

震荡性破坏
concussive damage

负压阶段
negative pressure phase

硝酸尿素炸药
urea nitrate

亚硝酸盐
nitrites

二氧化氮
nitrogen dioxide, NO_2

三氧化氮
nitrogen trioxide, NO_3

硝酸钾
potassium nitrate

硝酸甘油酯
glyceryl trinitrate

格里斯测试
Griess test

9 毛发、纤维与涂料

表皮
epidermis

哺乳动物
mammals

毛囊
follicles

黑色素
melanin

黑色素颗粒
melanin granules

皮质层
cortex

墨
graphite

表皮层
cuticle

角质细胞
keratin

髓质层
medulla

针毛
guard hairs

绒毛
fur hairs

须毛
whiskers

胎毛
lanugo

单股
strand

纺织纤维
textile fibers

合成
synthetic

织物
fabric

脱落
shed

类型
type

尺寸
size

旦尼尔
denier

横截面
cross-section

三叶形
trilobal

双叶形
bilobal

亚克力纤维
acrylic fiber

材料
coatings

清漆
varnishes

塑胶
plastics

颜料
pigments

成膜物
film formers

溶液
solution

悬浮液
suspension

溶质
solute

商业防冻剂
commercial antifreeze

丙二醇
propylene glycol

家用漂白剂
household bleach

氯酸钠
sodium hypochlorite

碳酸水
carbonated water

汽车涂料
automotive paints

建筑涂料
structural paints

乳胶漆
latex based paints

入室盗窃
burglaries

偷盗
thefts

艺术涂料
artistic paints

荧光涂料
fluorescent paints

防滑涂料
skid-resistant paints

无机物
inorganic materials

松节油
turpentine
干性油
drying oil
面漆
topcoat layer
防锈漆
coats of rust proofing
液态锌
liquefied zinc
电镀
electroplating
底漆
primer
磁漆
enamel paint
热固化
thermosetting
罩光清漆
clearcoat
丙烯酸或氨基甲酸乙酯的材料
acrylic-or urethane-based material
碎片
chips / flakes
附着物
smears
颜色层序
color layer sequence
切片机
microtome
丙烯酸漆
acrylic lacquers
丙酮
acetone

10 玻璃与泥土

熔点
melting point
晶体结构
crystalline structure
纯化砂
purified sand
二氧化硅
silicon dioxide, SiO_2
硼
boron
钙
calcium
钠
sodium
镁
magnesium
浮法玻璃
float glass
钢化玻璃
tempered glass
密度
density
折射率
refractive index
厚度
thickness
锯齿状边缘
jagged edges

微观应力痕迹
microscopic stress marks
破碎形态匹配
fracture matching
腐殖质
humus
泥土
clay
页岩
shale
石灰岩
limestone
砂岩
sandstone
长石
feldspar
花岗岩粉尘
granite dust
粒径
particle sizes
水分含量
moisture content

结语

司法行为科学
behavioral forensic sciences
司法心理学
forensic psychology
精神病学
psychiatry
犯罪心理侧写
psychological profiling
犯罪现场重建
crime scene reconstruction
讯问技术与讯问方法
interrogation techniques
测谎技术
polygraphy
软科学
soft sciences
数字取证
digital forensics
生物识别
biometrics
计算机犯罪
computer crime
网络犯罪分子
cyber-criminals

——译者后记一

人民警察始终是我崇拜和尊敬的职业。它吸引我的原因既不是精彩的小说，也不是帅气的警服，而是这个职业所特别要求的理性、冷静和缜密的逻辑推理能力。在我看来，这些要求并不只局限于惩奸除恶、打击犯罪，也是我们在生活中化解难题、寻找答案的必由之路。在翻译完本书之后，我愈发坚信自己的这个观念。

无论是“法庭科学”还是“刑事技术”，中美两国在此领域的研究路径和发展方向基本一致。虽然这是一本基础性读物，但作者可谓面面俱到，几乎涵盖了本领域的所有主要话题。书中的不少内容至今在国内仍算是“较新的研究进展”，因此在翻译过程中，我们尽量保留了专业术语的英语表达，以方便读者阅读、学习以及以此为线索检索最新的相关著作或论文。

完成这本书的翻译圆了我的一个小梦想。我的梦想不是把玩空洞无用的理论，也不是当一名高谈阔论的“空谈客”，而是想让自己和自己的所作所为“有实用”。对我而言，这本译著仅仅是一个开始，我希望它是我漫长的博士求学生涯中最好的注脚之一。

这本译著的问世，首先要感谢赏识我的伯乐——谭宇墨凡先生。虽然在网络时代，我们是从未谋面的朋友，但我仍然多次为他的信任和真诚所感动。正是他对我的不离不弃，才使我有了一番“作为”。我衷心希望我们之间的精诚合作和完全信任能够历久弥坚。同时，我也要深深感谢一直在幕后大力支持本书翻译、校对和出版工作的王老师。没有他们的辛勤和认真的付出以及对两位译者的关照，这本译著不可能问世。

我要特别感谢我的母亲。与其他伟大的母亲一样，她不但生我养我，而且无论何时何地都给予我最大的、无条件的爱和最坚定的支持。几十年来，母亲为了家庭、为了我，默默承受了数不尽的劳累、委屈和痛苦，可是她自己却总是那样善良、和蔼、温柔。虽然她不是循循善诱的家长，但她的言传身教却永远为我所敬重。我祝愿母亲永远健康、快乐！

另外，我还想感谢我的兄长，高桥先生。我与高桥大哥的友谊不仅超越了年龄和国界，也超越了血缘和时空。在我多次遇到困难时，他总是伸出援手慷慨相助。对高桥先生的感激之情和我们之间的友谊，早已一切尽在不言中。我同样祝愿高桥兄长永远健康、快乐！

最后，我还要满怀敬意地向所有不离不弃、真诚相待的朋友致谢、致敬。有你们在我身边，是我一生的幸运和荣耀！

因译者学识和水平有限，在翻译过程中出现的任何疏漏之处，还望各位读者朋友多多包涵、不吝赐教。

译者　孟超

2018 年 6 月 30 日于西安

—— 译者后记二

虽然已在刑侦岗位上工作十余载，但是仍有许多“不解之谜”在我心头挥之不去。这些年里我见识过的形形色色的犯罪和罪犯使我越发明白：一次错误可以创造出一百个理由、一千种借口，但真相却永远只有一个。面对一个个悬而未决的谜团，我们该如何抽丝剥茧，一步一步重现案件的真相和过程？

指纹、弹道、笔迹、足迹、DNA、电子物证……它们引领着我走进案件的另外一面，看清深藏在阴影背后的那些蛛丝马迹，也看到另一个世界，一个真相的世界。当我们排除了一切的不可能，无论剩下的多么难以置信，那就是真相。

曾有人问我世界上有没有完美的犯罪，我回答，狱事莫重于大辟，大辟莫重于初情，初情莫重于检验。当我们面对花样繁多却毒害生命的毒品、面目全非却必须复原面貌的尸体、一片废墟却危险犹存的火灾和爆炸现场时，我们究竟该如何拨开迷雾、寻找真相？

有这样一群人，他们鉴定过各种各样的毒物、面对过形象骇人的尸体、爬进过臭气熏天的下水道，但是他们从来没有放弃过追寻真相。因为，他们要面对那些如果没有证据就会逍遥法外的凶手、因为线索缺失而永远无法伸张正义的血案和那些原本无辜却深受怀疑和诋毁的人们……我和我的同事们能做的就是，一次再一次地回到现场，一次又一次地闭上眼睛回顾所有的线索和证据，尝试还原那一天、那一时刻发生的一切细节和真相……

最后我想借一段诗，再一次致敬本书的作者杰伊·西格尔、为本书提供审校帮助的法医李明以及所有为此默默付出的人们。

寂静在喧嚣里低头不语，

沉默在黑夜里目光交接，

于是，我们看错了世界，

却总说世界欺骗了我们……

译者　王刘承

2018年5月6日

未来，属于终身学习者

我这辈子遇到的聪明人（来自各行各业的聪明人）没有不每天阅读的——没有，一个都没有。巴菲特读书之多，我读书之多，可能会让你感到吃惊。孩子们都笑话我。他们觉得我是一本长了两条腿的书。

———查理·芒格

互联网改变了信息连接的方式；指数型技术在迅速颠覆着现有的商业世界；人工智能已经开始抢占人类的工作岗位……

未来，到底需要什么样的人才？

改变命运唯一的策略是你要变成终身学习者。未来世界将不再需要单一的技能型人才，而是需要具备完善的知识结构、极强逻辑思考力和高感知力的复合型人才。优秀的人往往通过阅读建立足够强大的抽象思维能力，获得异于众人的思考和整合能力。未来，将属于终身学习者！而阅读必定和终身学习形影不离。

很多人读书，追求的是干货，寻求的是立刻行之有效的解决方案。其实这是一种留在舒适区的阅读方法。在这个充满不确定性的年代，答案不会简单地出现在书里，因为生活根本就没有标准确切的答案，你也不能期望过去的经验能解决未来的问题。

而真正的阅读，应该在书中与智者同行思考，借他们的视角看到世界的多元性，提出比答案更重要的好问题，在不确定的时代中领先起跑。

湛庐阅读 App：与最聪明的人共同进化

有人常常把成本支出的焦点放在书价上，把读完一本书当作阅读的终结。其实不然。

时间是读者付出的最大阅读成本

怎么读是读者面临的最大阅读障碍

“读书破万卷”不仅仅在“万”，更重要的是在“破”！

现在，我们构建了全新的“湛庐阅读”App。它将成为你“破万卷”的新居所。在这里：

- 不用考虑读什么，你可以便捷找到纸书、电子书、有声书和各种声音产品；
- 你可以学会怎么读，你将发现集泛读、通读、精读于一体的阅读解决方案；
- 你会与作者、译者、专家、推荐人和阅读教练相遇，他们是优质思想的发源地；
- 你会与优秀的读者和终身学习者为伍，他们对阅读和学习有着持久的热情和源源不绝的内驱力。

CHEERS

本书阅读资料包

给你便捷、高效、全面的阅读体验

本书参考资料

湛庐独家策划

- 参考文献
  为了环保、节约纸张，部分图书的参考文献以电子版方式提供
- 主题书单
  编辑精心推荐的延伸阅读书单，助你开启主题式阅读
- 图片资料
  提供部分图片的高清彩色原版大图，方便保存和分享

相关阅读服务

终身学习者必备

- 电子书
  便捷、高效，方便检索，易于携带，随时更新
- 有声书
  保护视力，随时随地，有温度、有情感地听本书
- 精读班
  2~4周，最懂这本书的人带你读完、读懂、读透这本好书
- 课　程
  课程权威专家给你开书单，带你快速浏览一个领域的知识概貌
- 讲　书
  30分钟，大咖给你讲本书，让你挑书不费劲

湛庐编辑为你独家呈现
助你更好获得书里和书外的思想和智慧，请扫码查收！

（阅读资料包的内容因书而异，最终以湛庐阅读App页面为准）

倡导亲自阅读

不逐高效，提倡大家亲自阅读，通过独立思考领悟一本书的妙趣，把思想变为己有。

阅读体验一站满足

不只是提供纸质书、电子书、有声书，更为读者打造了满足泛读、通读、精读需求的全方位阅读服务产品——讲书、课程、精读班等。

以阅读之名汇聪明人之力

第一类是作者，他们是思想的发源地；第二类是译者、专家、推荐人和教练，他们是思想的代言人和诠释者；第三类是读者和学习者，他们对阅读和学习有着持久的热情和源源不绝的内驱力。

以一本书为核心

遇见书里书外，更大的世界

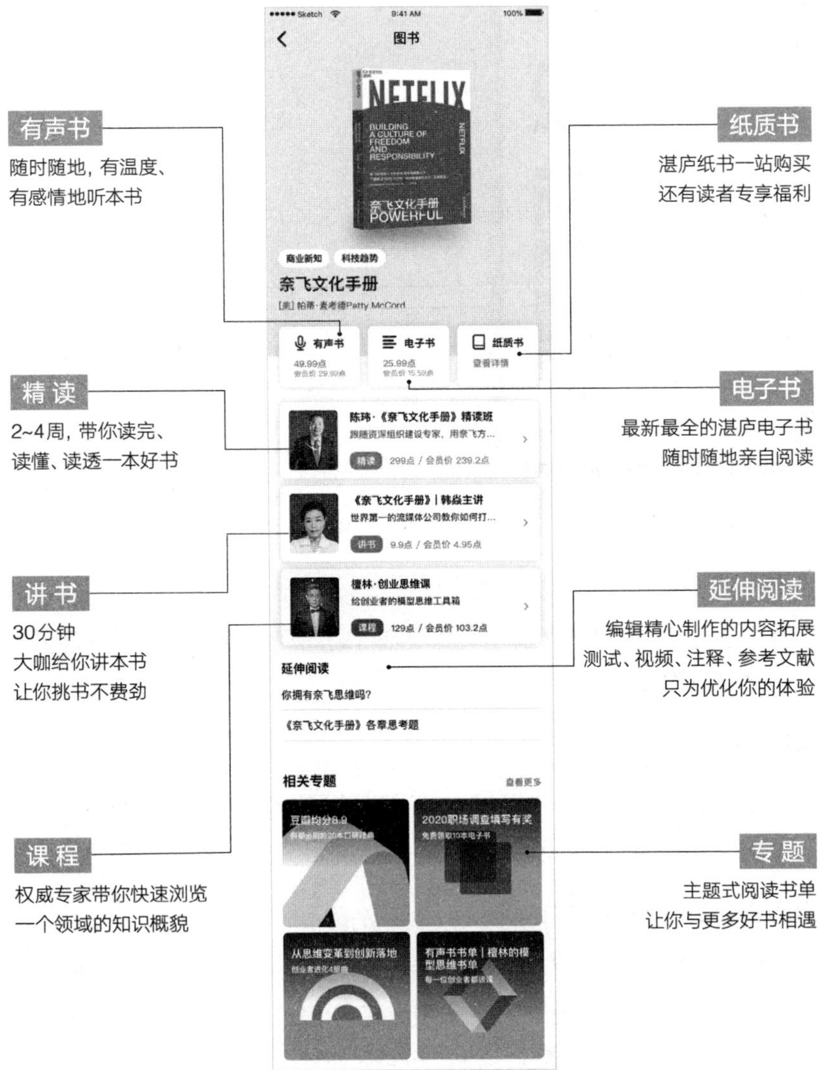

Forensic Science: A Beginner's Guide by Jay Siegel

First published in the United Kingdom by Oneworld Publications

本书由 Oneworld Publications 在英国首次出版。

图书在版编目（CIP）数据

人人都该懂的法庭科学 /（美）杰伊·西格尔著；孟超，任鹏宇，王刘承译 .—杭州：浙江人民出版社，2018.12（2023.12重印）

书名原文：Forensic Science: A Beginner's Guide

ISBN 978-7-213-09045-5

Ⅰ.①人… Ⅱ.①杰… ②孟… ③任… ④王… Ⅲ.①法庭－世界－通俗读物 Ⅳ.①D916.2-49

中国版本图书馆 CIP 数据核字（2018）第 272294 号

浙江省版权局
著作权合同登记章
图字：11-2018-401号

上架指导：法律通俗读物

人人都该懂的法庭科学

［美］杰伊·西格尔　著

孟　超　任鹏宇　王刘承　译

出版发行：浙江人民出版社（杭州体育场路 347 号　邮编　310006）

市场部电话：（0571）85061682　85176516

集团网址：浙江出版联合集团　http://www.zjcb.com

责任编辑：蔡玲平

责任校对：戴文英

印　　刷：天津中印联印务有限公司

开　　本：880mm ×1230mm　1/32　　印　　张：9

字　　数：195 千字

版　　次：2018 年 12 月第 1 版　　印　　次：2023 年 12 月第 4 次印刷

书　　号：ISBN 978-7-213-09045-5

定　　价：59.90 元

如发现印装质量问题，影响阅读，请与市场部联系调换。